Seu Zé da Ladeira

Pai
Caetano de Oxossi

Obra Psicografada

Seu Zé da Ladeira

Pelas mãos dos Orixás, da escravidão para a corrente astral da Umbanda

Legião Publicações

1ª edição / Porto Alegre - RS / 2025

Capa e projeto gráfico: Marco Cena
Revisão: Simone Borges
Produção editorial: Bruna Dali e Maitê Cena
Assessoramento gráfico: André Luis Alt

C128s Caetano, de Oxóssi, Pai,
Seu Zé da Ladeira : pelas mãos dos orixás, da escravidão para a corrente astral da umbanda / Pai Caetano de Oxossi. – Porto Alegre : BesouroBox, 2025.
200p.

ISBN 978-85-5527-181-6

1. Orixás. 2. Umbanda. 3. Religião. I. Título.

CDD 23. ed. 299.672

Cip – Catalogação na Publicação
Tamara da Rosa Silva CRB-10/2812

Edições BesouroBox Ltda.
Rua Brito Peixoto, 224 - CEP: 91030-400
Passo D'Areia - Porto Alegre - RS
Fone: (51) 3337.5620
www.legiaopublicacoes.com.br

Impresso no Brasil
Setembro de 2025.

Sumário

Prefácio

A Umbanda é herdeira das tradições milenares de seus povos formadores. Nascida no Brasil, apresentada aos brasileiros de forma mais unificada no início do século XX, a religião que transpira a vida brasileira tem seus fundamentos em povos que existem há milhares de anos e com a mesma formação de sua época de nascimento.

Os negros, povos da África negra que fundaram a Umbanda, vieram, em sua esmagadora maioria, dos povos banto falantes. Povos como os de Angola e Congo, que traduziram sua forma de louvar a Deus e de prestar reverência aos mais velhos, de se comunicar com os ancestrais à nossa Umbanda. Os negros yorubás falantes também prestaram fortes compromissos e influências na formação dessa fé de matriz africana. Juntos, bantos e yorubás, seja na denominação dos Orixás, no conceito de divino, seja nas cerimônias e nos rituais, construíram a Umbanda. Essa religião é claramente herdeira dos sacerdotes desses povos, os Babalorixás e Ialorixás, os Tatetos e as Mametos, os Tatá de Inkice e outros.

Junto com a contribuição dos negros, os pajés e seus irmãos nativos das Américas são peças fundamentais na formação da religião brasileira. Os indígenas, com seus encantos, encantados e seres das matas e da natureza, encontraram ressonância aos seus divinos seres na tradição africana e compartilham juntamente a fé umbandista.

Junto a esses povos, observamos a Umbanda como filha de Paulo de Tarso, de Bartolomeu, de Tito e de Timóteo, dos cristãos dos primeiros séculos. Os seguidores de Jesus emprestam à Umbanda o poder da chama crística, mostrando o caminho da moral de Jesus, da forma de amar e de se relacionar com outros seres.

Todos esses povos têm em comum a resistência. Povos que viram sua fé perseguida e condenada. Viram seus filhos serem capturados, escravizados e mortos. Mas mesmo assim, diante da dor e das lágrimas, das proibições e das perseguições, os cultos permaneceram, mostrando a força da resistência da fé. E a Umbanda junta esses seres de resistência para consolidar uma fé que traduz a formação do Brasil contemporâneo. Um Brasil mestiço, multiétnico e multicultural, um Brasil que sabe valorizar suas raízes indígenas, negras e cristãs.

Por isso a Umbanda herda em seu seio o poder da resistência. Nesse processo de sua formação, alguns espíritos foram chamados e convocados pelos Orixás para labutarem em suas trincheiras. Inicialmente conduzida por pretos velhos e indígenas, denominados caboclos, logo no início da década de 30 iniciam os baianos.

Os baianos que não obrigatoriamente são baianos, e sim filhos dos Axés, filhos do candomblé, da cabula, da jurema, do catimbó, do Xangô, do Batuque, filhos da Umbanda e de outras fés de matriz africana. São o povo que vem contribuir para a formação e consolidação da Umbanda.

O presente livro é minha humilde e sincera contribuição para esse movimento dos Orixás na Terra. Conta a história de um espírito que sofre a escravidão, sofre com o racismo, mas aprende a arte do amor e então é convidado pelos Orixás e ancestrais a ingressar na corrente astral da Umbanda. Conta uma história, mas de certa forma conta nossas histórias, a história de um povo que quer sempre caminhar em direção a Olorum, aos Orixás, e quer de verdade fazer com que vocês também sigam para Aruanda.

Por isso obrigado por dividir comigo seu tempo, seu precioso relógio, para rir e chorar, rezar e meditar sobre a formação dos baianos, sobre ter fé, sobre amar e respeitar.

Que essa história possa inspirar todos nós a sermos mais compassivos e caridosos, lutarmos pela nossa fé e resistirmos – resistirmos ao racismo, à intolerância, resistirmos às tentações do fácil e das paixões. Espero sinceramente que eu contribua com seu desenvolver. Se não o conseguir, que pelo menos o faça distrair-se. De qualquer forma, meu muito obrigado, meu Axé e minha alegria em concluir este trabalho.

Axé,
Baiano Zé da Ladeira

Introdução

O Brasil, após ser invadido pelas naus portuguesas e ter iniciado seu processo imperialista de dominação e subjugação, começou a traficar homens e mulheres. Seres humanos eram raptados e aprisionados covardemente aos milhares na África e trazidos para cá em condições sub-humanas.

O tráfico negro acontece após algumas décadas de tentativas frustradas em escravizar os povos nativos e verdadeiros donos da terra brasileira, os indígenas. Não obtendo êxito, trouxeram da África Negra os meus pais e avós.

Chegando aqui aos milhões, foram nos primeiros séculos, portanto, de 1560 até o final de 1600, negros de origem banto, em especial de Angola e Congo e alguns moçambiques e benguelas.

Trazidos na força e na covardia, eram trancafiados em espaços apertados que chamavam de cativeiro. E aqui começaram a trabalhar e a trazer mais do que apenas lágrimas e sangue. Trouxeram para a terra brasileira seus Inkices[1] e seus ancestrais. Logo após, no último século de escravidão oficial, chegam os negros chamados nagôs, que são os yorubás falantes, e estes trazem os Orixás.

Sou filho de mãe escravizada, nasci na escravidão, no meio do Brasil, dentro da senzala. Nasci em regime fechado, do medo e da perseguição, mas meu nascimento último também me ensinou a amar este chão e a amar meus Orixás. Foi na senzala e na cidade grande, junto ao meu Ilê, que aprendi a ser homem, aprendi a ser filho de Olorum e dos Orixás.

1 Inkice, ou Nkice, são os equivalentes dos Orixás para os de Angola, assim como para a maioria dos povos Bantu. Para os do Congo também se fala Mukice. Seres divinos do panteão Bantu.

Nessa época, muitos negros estavam lutando por suas liberdades. Quilombos eram formados e, a todo instante, fugas eram cada vez mais comuns e alguns brancos se somavam à causa da abolição. O Brasil era Império, e o rei e seus súditos nobres esbanjavam riqueza à custa do suor não remunerado da maioria da população, os negros. É aqui que as primeiras bases da formação da Umbanda acontecem, as bases dos candomblés surgem e outras religiões de matriz africana explodem no Brasil. Um momento de formação da cultura e do Brasil enquanto povo e nação.

O presente livro é baseado nessa época, final de 1800, fim da escravidão oficial e fim do Império para início da República. Fim do século XIX e início de um século de profundas e avassaladoras transformações: o século XX.

Encontrará neste livro a história de um negro, um homem cheio de fé e de dedicação. Um homem que erra, que se arrepende e quer fazer o certo; a história de um filho que ama, de um ser que quer se encontrar com sua essência e quer encontrar seu Orixá.

Encontrará aqui mais do que um romance, encontrará nas páginas a seguir a formação de um umbandista, de uma entidade de Umbanda. Perceberá que, com esforço, fé e comprometimento regados no amor verdadeiro, todos vocês também poderão encontrar morada no espaço sagrado de Aruanda, lugar de almas felizes e trabalhadoras, sem preconceito e sem racismo, um lugar de amor e de muita fé.

A história se dará comigo nascendo, vivendo e morrendo na carne e depois minha vida em espírito, com minha trajetória nos espaços astrais, cheios de armadilhas, tentações e equívocos. Irei mostrar como, com fé e amor, podemos vencer os obstáculos, resistir na fé e encontrar o nosso destino.

Um livro que deve ser lido com respeito, não a mim, mas aos Orixás. Deve-se debruçar sobre as linhas conduzidas por mim como quem escuta uma entidade, e não como quem está pronto para não fazer nada, nem seguir os conselhos. O livro é, sim, história, mas para nós, herdeiros dos africanos, uma história vivida é um ensinamento precioso, pois com o exemplo dos mais velhos posso errar menos e acertar mais, sendo, portanto, mais feliz e mais iluminado.

Que meus erros façam vocês evitarem os de vocês, e meus acertos, os poucos, sirvam para mostrar que todos acertamos quando temos o compromisso do amor e da fé. Sejam bem-vindos à história da Umbanda na época do Brasil Império, não a história, mas sim uma história. Uma história do Seu Zé, um baiano na Umbanda.

Saravá,
Baiano Zé da Ladeira

1. Começo

Tudo começa em uma senzala, uma casa feita de barro, com portas e janelas sempre abertas, e com telhado de palha. Era uma época de muita turbulência, e muito se ouvia nos canaviais e nas roças, nas minas e mesmo na cidade que os escravos não podiam mais ser trazidos da África. Por isso eram constantemente estimulados a procriar, a engravidar as negras para que a mão de obra não cessasse. Porém, muitos não gostavam da ideia de ter pequenos negros para alimentar e desviar a atenção de suas escravas.

Foi justamente em uma fazenda no interior da Bahia, local do Coronel Justino, que eu resolvo nascer. O desprezo que o Coronel tinha pelos negros era conhecido, e sua raiva de ter que lidar com um povo escuro se mostrava na agressividade e na chibata.

Não queria saber de negra grávida, arrancava do bucho ou vendia ainda bebê para um louco que aceitasse dar o que comer para um negro. Se ficasse velho e imprestável, era abandonado no mato. Se estivesse muito bravo, matava o negro como aviso aos demais.

Minha mãe tinha namorado o Tião, e do namoro eu aproveitei para aparecer. Quando a véia Tiana falou que minha mãe estava emprenhada, o mundo dela caiu. A felicidade pelo amor ter gerado um fruto era apenas um cisco diante do pavor de o Coronel querer arrancar o bebê antes mesmo de nascer ou ainda resolvesse matar o recém-nascido ou vendê-lo.

Seu coração estava partido, e me lembro do sentimento de mainha, pois estava ali acordado pertinho de sua barriga. A negra escondeu por muito tempo a gravidez; resolveu comer o máximo que podia, queria engordar, e assim ninguém iria perceber que eu crescia todo animado em seu ventre e já cheio de amor por aquela criatura tão doce e capaz de fazer atos de amor como aquele.

Não houve um pé de macaxeira que ela não tenha arrancado e comido. Bebia óleo de palma puro, comia até capim, para ficar gorda, e o resultado da façanha foi, além de muitos episódios de diarreia, um par de coxas e uma barriga enormes. Seu pescoço deve ter dobrado de tamanho.

Passaram-se os meses, e quando a barriga iria acusar que eu estava ali dentro? Ninguém percebeu, pois já estava gorda mesmo. Foram nove meses de muita apreensão, dos quais senti tudo, e, junto com o medo, percebia o quanto aquela mulher me amava, mesmo sem me conhecer. Vi como um espírito poderia se anular, se sacrificar para que o outro tivesse a chance de viver. Por isso, o medo e a apreensão de mainha eram sentidos por mim como amor incondicional, por isso eu me mexia igual capoeirista desde o terceiro ou quarto mês. A mainha tomava um punhado de chá para ver se acalmava o fruto que teimava em madurar em seu bucho. Mas não tinha erva que sossegasse meu espírito, nem nessa época, nem nunquinha. Sempre fui e sou muito agitado e serelepe.

Num dia muito chuvoso, em que o pessoal da casa grande estava enlutado, pois a mãe do Coronel tinha morrido, resolvi nascer. Como se escolhesse o dia a dedo, pois todos os capangas e capitães do mato estavam a bajular o Coronel.

Mainha então chama a véia Tiana, que, junto com três mucamas muito jeitosas, prepara os panos e as palhas para eu chegar. Creio que minha vontade era tanta de despertar para esse mundo que, mesmo antes de lavarem as mãos e iniciarem os conformes, pulei num rabo de arraia de dentro de mainha, já saltitando no palheiro da cama. Comigo já veio a placenta, e logo cortaram o fiozinho que me tornava filho de mainha. Vim grande, gordo e cabeçudo.

De dor só teve a do coração, pois até nascendo protegi aquela senhora que me devotara amor. O coração se enchia de alegria de ver uma criança, mas se apequenava com o medo do resultado. Mainha pensou em fugir, mas não conseguiria nunquinha passar as montanhas verdes; ao sul só encontraria outras fazendas e lá seria capturada.

Mainha pediu ajuda da véia Tiana, que logo jogou o Ifá[2], e Ogum mandava dizer que ela teria que enfrentar, teria que dizer ao Coronel que nascera mais um negrinho, e que ela não tivesse medo, mostrasse em seus olhos que eu nascera e que iria ali ficar. Ainda disse que o dia seria aquele mesmo; ao lado do caixão da véia branca, deveria pronunciar minha chegada.

Todo mundo se desesperou, mas, se a véia Tiana tinha lido e se era da vontade de Ogum, não tinha muita conversa, era cumprir e ponto-final. Mais umas três horas se passaram. Três homens e a véia Tiana levaram mainha e eu a tiracolo no velório da mãe do Coronel. No caminho, mainha sentiu que deveria fazer uma surpresa e armou um discurso para o Coronel bravo.

O nome da mãe do Coronel era Beata, Maria Beata. Mainha se aproximou para prestar condolências e, com muito jeito, se achegou ao Coronel. Antes que ele falasse algo vendo a criança, pediu licença e discursou:

– Sinhozinho, que Deus abençoe ocê, abençoe sua família. Sinto muito que sua mãe, muié tão boa, tenha partido, vou rezá muito proceis e pr'ela, e em homenagem a ela quero dizê que uma surpresa danada aconteceu. Nasceu um menino d'eu, hoje. Sabia de nada, deve sê milagre, então botei nele o nome de sua mãe, para

2 Ifá é o Orixá do oráculo. É por este Orixá que Exu fala por meio do famoso jogo de búzios. Quando se fala "jogou o Ifá", quer dizer consultou a vontade e a fala dos Orixás.

mode de homenagia ela e o sinhozinho. O pretinho chama Beato, Zé Beato do Espírito Santo, pois o Espírito Santo há de conduzi sua mãe.

O velho Coronel, já fadigado com os abraços e condolências de tanta gente falsa, quis se revoltar, me pegar e jogar no mato, mas algo dentro do homem ruim gritou e ele apenas disse:

– Depois nós vamos prosear, agora leva essa imundice daqui.

Um frio brotou no âmago de mainha, e logo estavam de volta à senzala. Véia Tiana começou a bater umas ervas e a preparar uma defumação. Dizia que se Ogum mandou fazer é porque tem algo a nos dizer. Logo muitos filhos da véia Tiana estavam reunidos, e os tambores tocavam. Muitos Oguns desceram e me pegaram, de colo em colo fui passando e recebendo o toque de metais. Passados uns três colos, devo ter dormido, e se admiraram de o menino não chorar com o frio da lâmina dos facões e das ferramentas.

Com a barulheira toda, alguns capitães do mato e o feitor vieram chamar a atenção. Eles viram a criança sendo embrulhada num pano da costa e recebendo um chá de ervas na cabeça. Véia Tiana quis fazer logo a coroa e entregar para Ogum, antes que algum desavisado viesse a querer se meter comigo. Disse que não precisava ser filho de Ogum, mas Ogum falou que queria o menino para ele, e lá fui eu entregue a Ogum.

Um dos capatazes quis ver a criança, mas ao chegar perto de mim começou a estrebuchar no chão, vomitando e gritando de dor. Um outro que foi ajudar o infeliz fez companhia a ele no chão, era grito de dois agora. Eu, ao invés de chorar comecei a rir, não era eu que estava ali, mas um Exu que se apoderou e segurou o problema nele.

A boataria ficou forte. Nascera o filho do capeta: é chegar perto dele que os homens de bem se sujam todos (para não usar uma outra expressão que seria mais apropriada, mas que poderia ferir ouvidos mais sensíveis).

Logo os dias se passaram e a notícia se espalhava, até chegar ao ouvido do Coronel, que furioso foi tirar a prova real. Mandou seus homens irem com ele, e, se alguém falasse mais uma bestagem de que o menino era poderoso, iria ele mesmo capar um a um.

Chegou a comitiva e todos sabiam que boa coisa não ia surgir. Mainha chorava desesperada e não sabia como me proteger. Véia Tiana apenas olhou e falou:

– Ogum quer esse menino, deixe de ser fraca. Canta pra ele, e o Orixá salva o Zé. Se fica de muxoxo, ele dá o Zé pra Iku[3].

Mainha, com fé de dar inveja, começou a cantar para Ogum um lindo ponto que falava, em nossa língua-mãe, da força, da garra de Ogum, que ele era guerreiro poderoso e nas cercanias dele ninguém podia roubar ou burlar, pois sua espada era rápida e cruel.

Chegou a comitiva e o Coronel foi entrando empurrando os pretos, perguntando onde estava a maldita criança. Mainha, imbuída da fé e da força de Ogum, se levantou, foi em direção ao Coronel cantando a Ogum e disse:

– Sinhozinho, não carece nervoso, tá aqui o menino Beato do Espírito Santo.

– Que Beato coisa nenhuma, tão dizendo que é atentado esse moleque. Nem nasceu e já tá botando terror nos homens, deixe ver aqui por que que tão medroso assim.

No ato que o Coronel me cata no colo e à força me pega para mostrar que não tinha medo, abro meus olhos e miro nos dele, abrindo sorriso e balançando perna. O Coronel dá até um sorriso, mas logo grita:

– É disso aqui que vocês tão com medo? Bando de maricas. Vou jogar ele fora e acabar com esse medo e essa conversa de diabo, e é pra já.

3 Iku, Orixá do panteão Iorubá que é o senhor (ou sehora) da morte, a morte do corpo físico. Ninguém engana ou escapa se Iku chegar.

Mainha logo tenta me pegar e é empurrada, caindo para trás. Os capitães vão protegendo o Coronel. Era o meu fim. O homem iria cumprir sua fama e logo Ogum iria me ter do outro lado, e não mais na carne.

"Para que nascer e ficar tão pouco tempo?", diziam todos os negros a consolar mainha. Véia Tiana, que astúcia tinha muita, não desistiu e rezou a Ogum. Dela todos copiavam e logo os tambores tocaram a Ogum numa força que chegava a tremer o peito do Coronel, que saiu decidido a colocar fim em minha curta vida.

Saindo da senzala ao toque de Ogum, um menino recadeiro corre e diz que o Exército Real estava na porta e queria com urgência falar com o Coronel. Era Ogum mandando sua mensagem. Do jeito que estava ali, o Coronel me colocou no chão e mandou me vigiarem.

Passados uns minutos, o Coronel voltou todo roxo, estava possuído de raiva, e o seguindo os fardados vieram. Falaram que uma lei dava liberdade a todos os negros nascidos em cativeiro, que era a tal Lei do Ventre Livre; portanto, matar uma criança nascida era assassinato. Então escutaram o choro e foram verificar. Coronel me pegou no colo e disse:

– Olhe aqui, eu vou ter que alimentar este animal e ainda depois soltá-lo? Por acaso tenho cara de freira para fazer caridade? Tratem de me pagar ou eu despacho esta imundice agora mesmo.

Os soldados tentavam acalmar o Coronel, enquanto meu povo cantava. O cântico deixou o Coronel ainda mais roxo e raivoso. Sacou sua pistola e logo quis disparar, mas foi contido por sinhazinha-moça, filhinha mais nova do patrão, que pediu para o pai não fazer mal.

Coronel me larga, e do colo caio e sinto a terra dura como um ferro; mas eu estava vivo, era o que importava.

2. Infância

Cresci nesse meio calmo e tranquilo, sendo propriedade de um desequilibrado e cruel senhor. Aprendi muitas danças e muitas ervas com véia Tiana, que cuidou de mim, pois mainha tinha que trabalhar duro, e de castigo a colocaram na pior parte da roça. Era enxada de sol a sol, sem descanso. Muitas vezes me oferecia para ir com ela, mas ela não deixava, falava que tinha que aprender com véia Tiana, e lá estava eu com a velha a me tutelar.

A muito sofrimento assisti e já estava meio desgostoso daquela vida. A alegria do nascimento não era a mesma. Ver chicote, dor e sangue todo dia era ruim demais. Sangue do pelourinho ou sangue das mãos de mainha. O pior ainda estava por vir, pois, quando fiz 7 anos inteiros, o Coronel chegou e disse:

– Esse moleque tem até amanhã para sumir daqui. Se ficar aqui mais um dia, ficará como escravo, então vocês tratem de agir ou eu vou mandar ele embora.

Ninguém esperava isso, não sabiam o que fazer. Como assim, livre? Eu não era escravo? Posso levar mainha? Véia Tiana?

O tal soldado que naquele dia tinha falado da tal Lei do Ventre Livre não explicou para nós que eu não era escravo e deveria sair da senzala, mas sozinho. Teve choro e muito medo, de minha parte pelo menos.

No desespero, véia Tiana tirou uma solução. Iria me levar à cidade grande e com a permissão do Coronel me levaria até um grupo de negras que ela sabia serem livres. Todos concordaram e o Coronel, que iria buscar umas mercadorias lá em Salvador, aceitou, desde que a véia Tiana curasse sua filha de uma bicheira que teimava em sair. Se não curasse, eu não iria a lugar nenhum.

A véia Tiana aceitou e aplicou uns unguentos e umas rezas na sinhazinha dourada. Depois de cinco dias, estava sem nada na cabeça; a bicheira sumira. Com isso, o Coronel aceitou que me levassem para a cidade grande, e iria ser no outro dia.

Mainha e eu não nos desgrudávamos, e todos tentavam consolar a minha genitora. Lembro que a véia Tiana chegou perto e disse:

– Vem cá, quero ocê numa função agorinha.

Mainha saiu e logo fiquei sozinho. Imaginei que minha vida seria assim dali em diante, um menino sozinho, sem mainha, sem véia Tiana, sem ninguém.

Chorava feito bebê com fome, enchia o peito e vertia água nos olhos, a brotar uma poça no chão depois que as gotas de tristeza escorriam em minha barriga e molhavam meu calção.

Eu não estava na conversa, mas me contaram que véia Tiana pegou mainha pelos cabelos e deu uns dez tapas na cara dela, dizendo que tomasse vergonha, onde é que ela estava com a cabeça? Afinal, o menino, a criança, estava ali desamparado e, em vez de ser confortado, tinha a tristeza da mãe. Que ela tomasse tento e se aprumasse, pois deveria exercer seu papel e ficar feliz, pois seu filho era livre, não provaria da escravidão, e por isso ela deveria louvar e agradecer a Ogum, que manteve o filho dela vivo e agora o livraria da escravidão. Quer coisa melhor neste mundo?

Após um bom tempo, mainha veio com um sorriso no rosto, a me pegar e me levar para um passeio, passeio que lembro direitinho até hoje. Passamos debaixo do bananal e ali conversamos.

– Fio, ocê será livre, num carece chorar, não. Ocê irá encontrar o que mais uma mãe pode dá a seu fio, a liberdade. Num vão botá ocê no pelourinho, num vão marca ocê igual égua, num vão acorrentar seu pescoço. Sou uma muié feliz e agradeço muito a Ogum por fazer de ocê um menino, um homem, livre. Vou estar aqui todos os dias, debaixo desse bananal a rezar e a cantar para Ogum e para os Orixás te abençoarem. Nunca esqueça dos Orixás, dos ancestrais; respeite os mais véios e sempre cuide de manter seu Axé, ou ingressar num. Véia Tiana falou que ocê vai pra uma casa de princesa da África, numa casa de Orixá, fio. Uma casa de Oxóssi, disse ela. Lá ocê ficará, por isso respeite e obedeça, cumpra seu papel seja qual for, num reclama de nada e observa para num fazer errado.

Eu só chorava, desesperado por não ter mainha ao meu lado. E quase não escutava suas palavras, mas sentia seu coração a me impulsionar na fé, na esperança e na certeza de que ela estaria todos os dias pensando em mim. Só encontrei forças para dizer:

– Mainha, eu juro, pela força de Ogum, que eu nunquinha vou deixar de amar e de tentar vim te buscá. Vou rezá todo dia, batê cabeça todo dia a Ogum e a Oxum, sua mãe, para que abençoe a senhora.

Nos abraçamos e ficamos ali olhando o céu a se mexer, nuvens davam lugar a um céu estrelado. Só fomos interrompidos por Bibinha, uma Ebomi de nossa senzala, que trazia recado de véia Tiana: a festa iria começar. A senzala fez um festão para mim, o primeiro negro livre dali, me beijavam e me levavam comida. Os Orixás arriaram na festa e todos me abraçavam, quem conhece um abraço de Orixá não precisa de mais nada; é um mundo todo de felicidade e fé.

Acabara a festa e deitei ao lado de mainha, tentando não dormir, só acariciando seus cabelos e beijando sua testa. Lutei o quanto pude contra o sono, que me levou; queria que aquela noite nunca acabasse. Mainha me colocou na esteira e ali zelou o meu sono. Ela era mais forte, o sono não a pegou, não. Passou toda a noite a me beijar e me abraçar, sem uma lágrima derramar, apenas rezava e pedia aos Orixás para cuidarem de mim. Fez promessa e pediu que, no dia em que eu estivesse em perigo, ela sofresse e eu não. Mas se o sono não derrotou mainha, o dia sim. Logo no início do sol, vieram me pegar junto com véia Tiana.

Segurei o vestido de mainha até rasgar. Pedi pro Coronel que mainha fosse junto e ele falou que não, e se eu chorasse muito amarraria meu pescoço na carroça e eu iria andando.

Mainha correu, olhou nos meus olhos e falou:

– Fio, eu tô feliz. Ocê é a bênção de Olorum em minha vida. Se eu morrê agorinha, vou feliz. Vá feliz para a liberdade, está tudo bem.

Acenou e a carroça tomou o rumo da estrada.

3. A viagem da liberdade

Ainda bem que véia Tiana estava ali; no colo da senhora dos Orixás, me deitei e chorei até dormir.

Foram dias de viagem, e quase não me deram nenhuma comida, nem água. Bebiam na minha frente, até derramar em seus corpos, e riam a dizer que, se eu tivesse sede, bebesse do chão. Tiana foi proibida de me dar qualquer água. Eu não aguentava de sede e pedia pelo amor de Deus, e os homens só riam e diziam:

– Ocê num é livre? Busca sua água, preto fedorento miserável.

Cuspiam em mim. Quando um deles ia tomar água, eu deitava no chão esperando as gotas caírem e bebia cada baba e água que ali derramasse. Quando me viam no chão, me chutavam para que nem esse restinho de água eu tomasse.

Estava mal, suava. Com fome e uma sede impossível, desmaiei, e então véia Tiana foi firme:

– Ocês vão vê, vou falá que mataram o menino livre e vão tudo morrê com a corda no pescoço. Dê água, que vô tentá salvá o menino.

– Se ele morre, nóis mata ocê também e ninguém fica sabendo de nada – falou um dos capatazes.

– Ocê tá esquecendo que vô lança uma mardição, e ocê vai perde tudo, seu fio, e nunca mais vai consegui levantá o bastão.

Falando isso, a véia Tiana começou a falar em yorubá, deixando os homens amedrontados, e o mais alvoroçado e metido foi dar um bofetão na cara da véia Tiana.

Antes da mão chegar no rosto, uma guarnição de soldados estava a espreitar e parou a carroça. Ao me ver quase morto, tomaram providências e me deram água. Perguntaram o que estavam fazendo e, antes dos brancos responderem, Tiana falou que estavam levando preto livre.

O soldado deu uma cacetada na cabeça de Tiana por ter aberto a boca antes dos donos, o que gerou uma risada geral, mas ela já tinha dito; portanto, os soldados queriam saber de tudo.

Nesse processo os homens ficaram mais calmos, mas eu não acordei e até o fim da viagem fiquei desmaiado. Véia Tiana me fazia comer e não descia, apenas água conseguia me fazer engolir.

Chegando na capital, fomos todos para o lugar chamado pelourinho, uma ladeira horrível, cheia de sangue e de dor. Lugar onde muitos de nós estávamos sendo açoitados.

Véia Tiana disse que ali encontraria as pessoas que me pegariam. Os homens do Coronel ficavam felizes com a desgraça e com a dor de meu povo, me batendo mesmo eu estando desmaiado.

Lá bem perto, véia Tiana grita:

– Morreu, morreu, ocêis mataram o menino.

Foi um desespero. Se um policial soubesse, eles iriam se dar muito mal e o Coronel iria pegá-los. Mandaram Tiana descer e me carregar no colo, e que ela voltasse ali até o sol sumir, senão iriam matar todos os que ela gostava na senzala.

A véia Tiana desceu e rumou à ladeira que levava ao pelourinho. Descia dali um grupo de três mulheres negras, e a elas a véia Tiana me entregou, contando a história e falando que tinha sido feito para Ogum. Eram as mulheres do Ilê. Poucas palavras foram ditas naquele momento, apenas informações rápidas e alguns cumprimentos das grandes mães dos Orixás.

Ali, aos pés da Ladeira, do pelourinho, eu renasci, pois véia Tiana me entrega para Mãe Ninca e acordo instantaneamente, como uma magia.

caminhava, caminhava e nada, não achava e fui indo no meio de um matagal, até encontrar uma casinha feita de bambu e de palha. Do lado de fora estava a Véia Tiana.

Corri igual doido para abraçar a minha mãe de Orixá. Abracei e deitei no colo dela, que delícia! A velha estava com aparência diferente, mais nova e mais clara em luz. Achei estranho e perguntei:

– Como a senhora veio aqui?

– Escute bem e preste atenção. Amanhã ocê vai conversar com as nega e dizer que eu tô aqui e preciso delas. Eu não posso sair daqui, e que elas me ajude. Cê ouviu bem, Beato de Ogum?

– Sim, ouvi, mas por que não sai daqui?

Ao perguntar isso, me olho. Estava sentado na esteira dentro do quarto com um chuvão, e uma goteira a gotejar bem em cima de minha calça.

Já era início da manhã e todos riam achando que eu tinha vazado a noite inteira, caçoando de mim.

Não queria nem saber; corri na casa e chamei Ninca e outras dizendo que véia Tiana estava as esperando urgente num lugar.

Elas se olhavam como a saber de algo e então perguntaram:

– Onde, Beato? Não inventa isso.

– Ali, bem atrás daquele matagal, depois de uma roça.

Ninca então vai chamar Yá Mali, a mãe de santo chefe daquele Ilê, e vamos nós três para o matagal. Chegando lá não estava a véia Tiana. Mostrei onde ela tinha aparecido e falei:

– Ela pediu pra chamar vocês e disse que precisava de ajuda e que só vocês poderiam ajudar e tirar ela daqui.

Foi neste momento que tive a tristeza doida de saber que véia Tiana morrera. Tinha esperança de ver aquela senhora sábia e amorosa, não tinha ainda acreditado que não ia poder mais vê-la naquela vida.

Estava eu muito dolorido, mas o consolo era saber que tinha voltado ao Orixá e não tinha mais escravidão. Fiquei com muita pena de mainha e do povo da senzala, que iriam sentir muita falta dela.

– Ninca, quando foi que ela morreu? E vocês sabem como?

Ninca não queria contar, mas Iá Mali disse que, se Tiana aparecera para mim, não poderia mentir.

– Beato, a véia Tiana morreu no mesmo dia que você chegou. Dizem que ela bateu a cabeça muito forte na viagem e não aguentou o ferimento. Ela cumpriu a missão dela, trouxe você e voltou para o país dela. Aqui é a casa dos ancestrais, aqui cuidamos de todas as senhoras de nosso povo que já morreram. Somos um grupo de Queledés.

Chorei uns minutos e me veio à memória que o soldado tinha batido nela, e ela estava tentando me salvar. Fiquei com muita raiva, comecei a chutar tudo e me escondi no mato. Ninguém me achou por muitas horas, só Mestre Gafanhoto conseguiu, me disse que sabia pelo cheiro onde eu estava.

Subiu no pé de árvore que eu estava e comigo proseou por muito tempo até a noitinha cair. Dormi ali, nos braços do Mestre, em cima de uma árvore. Era muita tristeza para um menino só.

No outro dia acordei, estava na esteira do lado do Mestre Gafanhoto, não era mais um lugar conhecido. Mestre me dissera que iria passar um tempo ali.

E esse tempo só fiz jogar capoeira, aprendi a dançar e a pisar sem pôr o pé no chão, estava faceiro. Foi nessa época que Mestre me disse que iria me batizar, que falara com Iá Mali e ela concedera a ele o direito de batizar.

Do dia que eu fui para casa do Mestre Gafanhoto até meu batismo, disseram terem se passado três anos; portanto, eu tinha dez primaveras, e nunca que esquecia a tristeza de estar longe de mainha ou de me lembrar da agora ancestral Véia Tiana.

Era dia de festa, e todos os irmãos da capoeira estavam lá na roça do Ilê para me ver batizado. Estávamos eu, o Mestre e os irmãos do lado de uma jaqueira, quando o Mestre discursou:

– O batismo na capoeira é identificar o nome do seu espírito, é dar a ele o que ele quer e não o nome que se ganha do nascimento. Aqui, eu me chamo Zinca, mas sou Gafanhoto, ali tem o Joaquim, que nós chamamos de Avoado, ali Marica, que nós chamamos de Pluma de Pavão, e agora nós vamos saber o seu nome. Depois aqui na roda não vai mais se chamar Beato.

Começaram umas músicas, o Mestre abraçava a jaqueira e pedia aos Orixás uma luz para revelar o nome do meu espírito. Foi indo a música, e indo, eu de repente saltei e fui no meio da roda a rodopiar e a pular de um lado para o outro, fazendo uma dança com todos os movimentos aprendidos, como a mostrar para o Mestre qual seria minha força e meu espírito.

Mestre mandou um a um tirar comigo uma roda, e todos lutavam e brincavam comigo sem parar. Eu não cansava, levei cada pernada na cara, mas caía e nem me importava, voltava rápido a saltar e a jogar as pernas para o alto. Mal ficava a sola no chão, apreciava o movimento no ar, com as mãos plantadas.

Foi assim que, após uma porção de luta e de esfregão, o Mestre gritou:

– Salve a roda, vem cá, menino, deita a cabeça aqui na jaqueira.

Pegou um punhado de folha na sacola de couro que ele trazia e com umas folhas da jaqueira me cobriu, mandou o pessoal fazer um toque com o atabaque. O berimbau ficou surdo, só roncava com a esfregação de mão no arame.

Sem uma palavra, o Mestre me mandou saltar, que de deitado de bruços deveria ficar em pé em um pé só, rápido. Me joguei contra o chão ganhando impulso e, do jeitinho que ele me pediu, eu estava em pé.

E então falou:

– Ocê não é mais Beato, agora pra nóis você nasceu, seja aqui batizado com o Axé e seu nome será de agora em diante Soldado.

Todo mundo aplaudiu e começamos de novo a jogar capoeira, até eu não aguentar mais. Acabou a roda e eu fui com o Mestre para sua casa. Ele me disse:

– Sabe por que "Soldado", Soldado?

– Não sei, não, senhor.

– Porque você, como um soldado, obedece as ordens, não para de lutar até quando seu comandante ordenar. Não interessa se você apanhou ou não, você não reclama, sacode a poeira e volta a lutar. Cansado ou não, você não para. Como soldado, você tem no coração uma causa, respeita essa causa e mantém-se fiel a seu exército. Pode estar com o coração partido, mas, se alguém o mandar parar de chorar e seguir em frente, você segue. Por isso é "Soldado". Por isso você é soldado de Ogum.

Me abraçando e me dando uns cascudos, continuamos a nossa caminhada até que percebi não estarmos indo em direção à casa de Mestre, e sim para outro lugar.

– Aonde estamos indo, Mestre?

– Chegou a hora de você voltar para a casa de Iá Mali e Mãe Ninca. Lá elas têm tarefa e precisam de você, lá você vai continuar com nós a capoeira, mas com outros afazeres. Continuaremos nos vendo todo dia.

Apesar de ficar um pouco triste, gostava da ideia de estar no Ilê e sentir os cheiros dos Orixás, das músicas e das funções do meu candomblé. Lá que tinha mais contato com aquilo que se parecia com Véia Tiana e com mainha.

Perguntei ao Mestre se tinha como saber notícias de minha mãe, e se um dia eu iria poder revê-la.

– Sim, um dia todos nos encontraremos, Soldado, nós tudo estaremos do lado dos ancestrais em festa pela liberdade. Espero que você veja sua mãe aqui na Terra ainda, mas, se não der, tenha certeza que você verá ela novamente. Eu vou conversar com um pessoal se conseguimos dar uma espionada e saber de sua senzala.

Agradeci ao Mestre e logo chegamos ao Ilê. Fui recebido por Mãe Ninca, que me mostrou uma nova construção, dizendo que era onde os mais velhos iriam deitar noite adentro, deixando o antigo barraco para os mais novos que estavam chegando.

6. A vida no Ilê

Quando Mãe Ninca me falou dos mais novos, achei que eram crianças, mas, quando fui buscar a minha esteira, vi um monte de cabeça branca, tudo velhinha e velhinho. Tinha ao menos umas dez pessoas bem de idade lá.

O Ilê estava recebendo os mais velhos que não tinham onde morar, e deveríamos tomar bênção com cada um e com cada uma. Para mim era uma alegria, me lembrava de Véia Tiana, e tinha apreço em pedir Axé àquelas senhoras e senhores.

Saindo do barracão antigo, fui ao novo e vi que alguns dos amigos tinham sumido, restavam apenas uns sete comigo.

– Mãe Ninca, cadê o povo?

– Tivemos que mudar alguns aqui para outros lugares, para segurança. Aqui teve problema, muitos foram raptados e não voltaram mais, agora só restaram vocês.

A notícia tinha me deixado triste, mas entendi por que Mestre Gafanhoto me devolvera: estavam precisando de ajuda.

Naquela noite fui deitar debaixo da bananeira, me lembrando de mainha e pedindo aos Orixás que levassem notícia minha a ela e que ela recebesse meu amor e meu pedido de bênção. Era uma saudade danada que me doía a alma inteirinha por dentro.

O tempo foi passando, eu ajudando aos mais velhos, aprendendo cada passo com eles, lutando capoeira todo dia, me engraçando com um monte de nega bonita, e com esse jeito cheguei aos meus 12 anos. Com essa idade, o Mestre me chamou:

– Soldado, ocê não me contou a sua história direito. O pessoal conseguiu ir até sua senzala e tomou notícia de seu povo por lá.

Fiquei muito feliz e queria saber logo de mainha, de como estavam por lá, se ela estava bem, mas, antes de eu perguntar, o Mestre falou:

– Sua mãe não tá mais lá, ela foi vendida para um pessoal do Norte, que precisava de alguém mais velho que pudesse cozinhar. Como sua mãe não podia mais andar direito, ela foi vendida.

Como assim, não podia andar mais? Quando saí, lembro de mainha todo dia na lavoura, sol a sol, sem reclamar. Só sua mão que sangrava. Onde estaria mainha?

– Mestre, como assim, ela não pode andar?

– Achei que ocê sabia, parece que ela tentou fugir e numa laçada quase arrancaram a perna dela, e com isso não consegue mais se apoiar sozinha. Disseram pra ela que ocê havia morrido, por isso ela tentou fugir. Dizem que ela queria se matar.

A notícia caiu como uma pernada no estômago cheio de comida, queria vomitar, tamanha era a minha dor. Mainha se sentia totalmente sozinha agora, eu não existia mais para ela. Como poderia avisá-la de que eu estava vivo, como ela poderia saber e como eu iria me encontrar com ela?

– Calma, Soldado, tenha fé, nóis já arrumou um grupo que tá atrás de sua mãe. Assim que soubermos, te avisamos. Já espalhamos a notícia sua e dela, logo cai no ouvido dela. Orixá é forte, isso não é nada, já passa. Mas eu quero saber de outra coisa: o que você sabe de seu pai?

– Sei pouco, mainha me disse que namorava um homem de nome Tião, que se amaram e que do amor eu nasci, e ele fora vendido para outro Coronel.

O silêncio do Mestre me deixou preocupado.

– Mestre, o que foi? Ocê sabe onde tá meu pai?

O Mestre não sabia como me dizer que a notícia não era bem aquela e que, se eu soubesse de tudo, iria me revoltar muito. Então resolveu mentir:

– Fiquei sabendo de umas coisas. Assim que tiver notícia, eu te falo. Por isso, vamos fazer uma roda e agradecer que nóis achou um caminho para sua mãe.

Sabia que tinha algo que ele me escondia, mas não poderia fazer nada, a não ser obedecer ao mestre. Afinal, não me chamava Soldado à toa.

Com 14 anos já estava eu dentro da roça a cantar para os Orixás. Iá Mali apreciava meu balanço e a forma sincera que puxava as rezas e os cânticos dos Orixás. Com minha dedicação e aplicação, apesar de pouca idade sabia já de bastante música.

Nessa época me deram o título de Ogã, era eu aos 14 anos o cantor dos Orixás, acompanhado de vários homens no atabaque e nos outros instrumentos, e com algumas mães a cantarem comigo. Era o responsável por puxar, era eu o que hoje se chama samba de terreiro.

Nunca me cansava de aprender a cantar mais. Aprendi todos os toques, mesmo não podendo tocar, pois Iá Mali dizia que quem canta não toca, e que eu me contentasse com isso e não fosse bobo de negar minha razão de viver.

Agradecido, sempre cantei com amor, sempre pensando em mainha e véia Tiana, que tanto me ensinaram as músicas. Mãe Ninca e Mãe Petônia, uma das mães criadeiras do Ilê, me mostraram muitas outras cantigas, e eu, por minha vez, me lembrava de algumas que ali não eram conhecidas; logo, nosso repertório era acrescido de modas trazidas por irmãos de outros Ilês.

Nesse período do Brasil havia poucas casas de Axé, os quilombos eram os espaços mais sagrados, onde residiam Babalorixás e Ialorixás, Ogãs e outros príncipes que ainda guardavam muitos segredos. Por isso, sempre dávamos um jeito de visitar terras escondidas para aprender e unir o povo no santo do Orixá.

Não foram poucas vezes que eu me embrenhei mato adentro por meses para encontrar um quilombo por ordem de Mãe Ninca ou de Iá Mali. Elas sempre diziam:

– Soldado, vá lá, traga notícias e leve este presente.

E voltava sempre com muito mais do que ia. Além das histórias de contar, voltava cheio de ervas e preparados dos povos escondidos.

7. O momento decisivo

Eu devia ter uns 16 anos quando em uma dessas minhas andanças me deparei com uma comitiva de soldados imperiais e estes me desceram o porrete. Quase morri. Mostrei meus documentos, mas o coronel deles tinha raiva de negro liberto, dizia que a abolição era do capeta e que o único jeito era matando essa gente fedida.

Junto comigo mais dois companheiros, nós três apanhamos igual negro escravo fujão. Os dois irmãos morreram, e eu só não fui porque Ogum não quis e me mandou um homem pintado de vermelho e com uma pena, de fala estranha, me pegar. Resgatado, fui num lugar cheio de povo pelado, com cheiro esquisito, e uma velha mais enrugada que maracujá maduro. Essa santa mulher me curou, ela soprava em mim um pó todo dia, me dava um negócio bem amargo para comer e dizia que eu iria me curar. Passei uns dias naquela tribo e lá tomei respeito e admiração pela gente nativa.

A velha feiticeira me dizia que seu povo estava ali muito antes dos caras-pálidas, e mesmo de nós, rostos de carvão, que eram os donos da terra e que foram expulsos e mortos pelo branco. Por isso, espreitavam as estradas para ver se os soldados não iam em direção à tribo. Nessa vigília me viram derramado na estrada e quiseram me salvar.

Nessa aldeia tive que ficar por muito tempo, pois precisava me recuperar. Aproveitei para agradecer o carinho e a cura com muito trabalho. Pedi para me levarem ao quilombo, e me ajudaram a chegar lá.

No quilombo descobri que eram amigos e faziam juntos a defesa daquele território. Os soldados estavam muito numerosos e à procura do quilombo, e por isso não poderia eu sair dali.

Virei quilombola sem saber e sem querer. No quilombo, esperando a morte certa, fiquei por mais uns sete meses.

Viver em um quilombo como aquele era imergir numa África escondida e quase esquecida. Muitos dos negros ali sequer falavam português. Muitos tinham ficado muito tempo no cativeiro; outros desembarcaram e logo conseguiram o caminho da liberdade.

O dia todo se tratava em defesas, em plantar e colher, em caçar e em montar armadilhas. O dia a dia era de muitas funções nos espaços sagrados, muita magia e muitas mirongas para afastar o povo branco.

Algumas vezes juntava um pessoal de Angola, outro do Daomé e outro de vários lugares para com os indígenas montar grandiosos e poderosos trabalhos de magia para fortalecer e afastar os brancos. Era bonito ver a união de gente diferente, de pessoas que rezavam em línguas diferentes, mas estavam ali unidas em nome da liberdade.

Muito eu aprendi. Aprendi a falar e a cantar melhor, pois a pronúncia de cada palavra era corrigida por um grupo de negros e negras que havia chegado há pouco.

Estava louco para mostrar meu aprendizado, mais ainda era perigoso voltar ao Ilê.

No quilombo me engracei com uma negra, menina ainda, mas já mulher. Seu pai era o único da família, os demais não se sabia. Igual a mim, sem ninguém, a não ser a minha família de santos e de roda.

Namoramos e prometi que iria ficar com ela. Queria muito que mainha visse que eu ia ter um amor, igual ao dela com meu pai.

Do dia que virou noite, numa tempestade, e com a Lua assumindo o lugar do Sol, um presságio muito ruim para o meu povo, a minha bela Isadora caiu deitada. Doente, não levantava nem para fazer necessidades. Tinha no corpo um monte de caroços, de feridas. Falavam que era uma peste e que Omolu estava nos castigando por alguma razão.

Fiquei muito nervoso e logo me embrenhei às escondidas a procurar um lugar sagrado de Omolu. Não queria o cemitério do quilombo, queria algo natural. Um indígena me falou que perto dali havia encravada numa encosta uma pequena caverna onde os bichos iam para morrer.

Queria lugar perfeito, e para esse local fui à busca.

Corri até não ter fôlego, levando um monte de coisas para fazer a magia e pedir a Omolu a bênção para minha flor.

Não tardou para eu encontrar a gruta da morte, como chamavam. Tinha tanto osso de bicho que estava claro que eram as terras de meu Pai Omolu. Pedi bênção, cantei, me ajoelhei, bati cabeça e comecei a arriar minha oferenda e meu pedido. Fiz tudo certinho, item por item, sem pressa e com uma devoção danada. Sabia que Omolu não iria me recusar um pedido com tanta fé, porque, se feito com fé e com verdade, não tem como ele desconsiderar.

Tudo pronto, bati as palmas e cantei de novo. De dentro da gruta saíram uns bichos que voavam, eram tudo preto, fazendo um som muito fino, e voavam em cima de mim e da entrega. Me deito com medo e preocupado com aquilo. Depois do zunido, vejo na porta da gruta o homem de palha, faço silêncio, me curvo, deito e tomo a bênção. Mais que depressa, canto para o Senhor da Peste e ele dança do jeito mais bonito que eu já tinha visto. Saindo das pernas cobertas de barro e fogo, vem em minha direção.

Ao chegar bem perto, pôs as mãos na minha cabeça e eu rodei igual a pião bem-feito e bem manejado. Não parava de rodar, acho que se ficasse daquele jeito iria furar o chão.

Eu parei bem na frente dele meio de joelho, meio sentado, e ele me disse:

– Não se preocupe, Isadora estará curada em três dias. Ela levantará e não ficará mais doente da peste. Mas você não a verá mais. Corra para a cidade, sua mãe está sendo levada para lá.

Eu desmaio. Acordo depois que já era noite, o homem de palhas não estava.

Me lembrei de tudo. Bati cabeça, agradeci, tomei as poções que tinha e me embrenhei no meio da mata com noite e tudo. Chamei Ogum e disse que não poderia esperar o dia, que a Lua me acompanhasse e que eu encontrasse o caminho, mesmo no escuro.

Orixá Odé me deu a permissão de entrar na mata. Os Orixás Ogum e Oxóssi me levaram a Salvador. Entendi que cada passo era um passo de bênção guiado por meus ancestrais e pelos Orixás.

Cheguei dois dias depois, sem dormir mais que umas duas horas. Fui direto à casa de Mestre Gafanhoto, que me deu um abraço e disse que todos acreditavam que eu havia morrido. Contei toda a história de Omolu e disse que o resto contava depois, mas que precisava encontrar mainha. Estava palpitante de feliz.

Ele me disse que mandaria seu povo ficar nas ruas e trazer notícia. Enquanto isso, que eu fosse ao Ilê e falasse com Iá Mali e Mãe Nina, que estavam muito tristes com minha falsa morte.

Corri ao Ilê e lá abracei e tomei bênção. Estavam todos felizes com minha volta, e eu estava feliz por ali estar, e mais feliz ainda porque iria encontrar minha abençoada mainha, e feliz também porque tinha salvo minha princesa negra e logo retornaria para estar com ela.

Não me recordava, ou não queria me lembrar, das palavras exatas de Omolu, que me falara que mainha estaria precisando de ajuda e que eu não mais veria minha amada negra.

Ainda assim, contei a Iá Mali, que teve uma visão, fechou a cara e saiu de pronto. Mandou ir à casa de Exu e lá pedir proteção e depois ir a Ogum fazer o mesmo. Eu obedeci na hora, não estava entendendo o porquê, mas sou Soldado: mainha mandou, Iá mandou, Mãe mandou, vá e faça com atenção e zelo. E logo estava eu com Exu e Ogum.

Ao regressar, Iá Mali me chamou e jogou os Obis[4] para mim. Disse que eu deveria correr até o pelourinho, pois minha mãe estava lá, mas que eu deveria aprender a olhar e deixá-la me ver. Deveria mostrar quem eu era, deveria mostrar meu amor, e não interferir, que tudo daria certo.

– Ia interferir no quê? – perguntei.

– Soldado, não discuta, apenas obedeça, como sempre fez. Os Orixás estão dizendo que você não deve se revoltar, deve apenas mostrar à sua mãe o seu amor e como se tornou um forte homem de Orixá, e ela então ficará feliz. Pense nisso, entendeu?

Disse que sim, e em um segundo estava fora do Ilê correndo para o lugar mais triste e mais sujo da cidade. Não suportava aquela ladeira do sofrimento. Subir aquilo era subir para ver meu povo sofrer e descer era a sensação de que nada fiz para ajudar meu povo, os sofridos filhos dos Orixás.

Meu coração estava aflito: mainha estaria sendo castigada com certeza e justo ali, sem saber que eu estava vivo.

8. O pelourinho: a ladeira da vida

Corri mais que um pássaro em fuga do gavião e logo estava na parte de baixo da ladeira que levava ao pelourinho central. Tomei fôlego e subi, vi que tinha umas negras descendo chorando e perguntei o que se passava. Elas me responderam:

4 Obi, semente de noz de cola, árvore frondosa natural do continente africano, usado para um oráculo semelhante ao jogo de búzios.

– Pegaram um grupo de negros que tinham fugido e outros que desafiavam os senhores. Vão maltratá-los e matá-los para dar exemplo, dizendo que o boato de escravo era concreto, acabariam todos mortos. E tá cheio de meganhas, não deixam chegar muito perto, disseram que é espetáculo de branco.

Agradeci, e minhas lágrimas já estavam chegando ao pé. Iriam matar mainha. Rogava para que meu Pai Olorum e meu Pai Ogum não deixassem isso acontecer. Rezava igual a doido, mas não conseguia correr, minhas pernas não obedeciam; subia o mais rápido que podia, mas não conseguia correr.

Minha aflição era gigante, e minha dor, quase insuportável. Antes de chegar, um agrupamento me pega e diz o que eu queria:

– Viemos aqui entregar notícia ao senhor Vasconcelos, que nos foi ordenado.

O senhor Vasconcelos era um homem de Lei que sempre acompanhava a tortura e a miséria, a mostrar que mesmo ali na brutalidade tinha Lei, que não poderiam apenas maltratar, a não ser que fosse por algum mau elemento, e por isso muitos negros alforriados trabalhavam para ele, na tentativa de parar a tortura. Todos tinham medo, pois diziam que ele tinha contato com a Coroa, que a Princesa estimava o senhor Vasconcelos.

Passei pela primeira e pela segunda barreira, sempre com a mesma mentira. Chegando na praça dos horrores, vi que minha mainha estava amarrada e iriam iniciar nela, toda nua, as chicotadas. Junto dela, mais duas negras, todas já senhoras como mainha.

Meu sangue ferveu, e tudo que Iá Mali me falou ficou ali, pois comecei a subir na cabeça de todos. Ia cegamente em direção à mainha, eu voava por cima dos brancos e dos negros que ali estavam. Os soldados não alcançavam, e os que chegavam perto iam de pronto beijar os pisantes dos que acompanhavam. Um conseguiu me pegar bem próximo à mainha, que se virou e me viu. Ao botar os olhos nos meus, disse:

– Beato, fio meu, é ocê?

Eu gritei muito alto:

– Mainhaaaa!

E não consegui chegar mais perto. O capataz desferiu os golpes, fazendo minha estimada mainha chorar e gritar de dor. Não conseguia ver aquilo; tirei a espada da cintura do fardado e de imediato caiu jorrando sangue no chão. Cheguei ao lado das negras, soltei as três e abracei mainha em um segundo, dizendo:

– Nunca me esqueci da senhora, deito todo dia na bananeira a pedir aos Orixás, a Ogum e a Oxum que levem notícia minha à senhora e peço sua bênção. Sua bênção, mainha.

Mandei mainha correr, que iria enfrentar aqueles homens, mas eram muitos e logo estava montado o circo. Eu era o da vez. Amarrado no pelourinho e ali mesmo condenado pela raiva dos brancos, um fardado graduado disse que eu pagaria caro a vida dos homens dele, que iria sofrer para aprender. E me bateram de tudo que é jeito. Mainha, a me olhar e a dizer:

– Por que, meu fio, ocê é liberto, por que desgraçou sua vida? Lutei pr'ocê ser livre, e agora ocê tá como eu, preso na chibata, e vão matar nóis. Hoje é o dia mais triste de minha vida.

A dor era tanta na carne já castigada de mainha que desmaiou no chicote, e eu ali, sem saber o que fazer ou falar. Minha ânsia tinha destruído toda a esperança, ela morreria livre me vendo, mas danei tudo com minha raiva e impulsividade. Chorava não de dor, mas de tristeza e arrependimento.

Mainha acordou, me viu cheio de sangue e gritou coisas horríveis que eu não vou dizer, coisas que me feriram a alma, coisas que mostravam como ela estava triste e amargurada.

Vendo a cena, o fardado graduado me pegou, olhou e disse:

– Veio salvar a vaca que te pariu, então veja morrer, e ela verá você, seu verme.

Rindo e com muita raiva, disse à minha mainha que eu iria sofrer até o último minuto e que nós dois iríamos chegar ao inferno demoradamente. Alguns senhores tentaram parar a loucura e a raiva dos soldados, mas ninguém se aproximava do graduado senhor, que tinha perdido alguém muito importante e estava cego de ódio por mim.

Minha mãe, já sem forças, blasfemava e maldizia os Orixás. Dizia que era melhor eu ter morrido novo, pois assim não veria a cena daquela hora. Ela tinha razão, Iá Mali tinha razão, ela me avisou, pediu para eu escutar e entender, mas, como sempre, quando minha ira se apodera perco o juízo, e olha o resultado. Estava confuso, triste, com raiva e com dor. Comecei então a rezar, a pedir a Ogum forças, a Oxalá bênção e que Oxum desculpasse mainha e a ajudasse a não sofrer.

O fardado graduado puxou uma peixeira, tipo uma faca pequena, e cortou o bucho de mainha, que apenas me olhou com tristeza e raiva e sua última lágrima derramou.

Com as tripas de minha mãe fui envolvido, e com as minhas enforcaram minha mãe ali mesmo amarrada. Creio que ela já havia morrido.

Eu estava desesperado. No meio daquela dor insuportável, vendo a pessoa mais importante para mim morta, triste e decepcionada comigo, me lembrando de minha nega, que nunca mais iria ver, de Mestre Gafanhoto, de Iá Mali e de Mãe Ninca, comecei a cantar alto. Tirei, do meio das minhas dores dilaceradas, fé e gritava aos Orixás. Dizia aos fardados:

– Aqui vocês matam a carne, mas libertam o espírito, aqui vocês dão forças ao meu povo para lutar, aqui da minha morte nascerá a liberdade, aqui vocês dançarão com meu povo, pois vocês se juntarão a nós, vocês brancos se arrependerão.

Gritava e mais raiva dava nos fardados, que não sabiam de onde vinha tanta força. Eu continuava gritando:

– A minha força vem de Ogum, sou filho de Ogum. Ogunhê Patacori!

Cantava a Olorum, e, já com os olhos turvos com o fim de minha pouca vida, vejo o povo do Ilê chegando, o Mestre Gafanhoto a despontar na ladeira e a gritar "Salve, Soldado! Salve, filho de Ogum!", seguido por todos, que gritam "Ogunhê! Ogunhê!".

Logo havia dezenas de negros a cantar a Ogum e a cantar a liberdade. Mais negros se chegavam. Alguns senhores pegavam seus escravos e saíam dali, com medo da multidão. Os soldados começam a se apequenar e começam a atirar; logo uma revolta se faz, ao som de Ogum.

Ouvia tambores, ouvia a força de um povo ancestral, juntava na visão os de carne e os eguns. Os ancestrais estavam ali.

Vendo que tudo iria ficar muito confuso, o fardado graduado pega a espada com que matei alguns e me arranca a cabeça, e ali era o meu fim. Ali não tinha cumprido uma ordem, e aprendi duramente que jamais deveria desobedecer a um Orixá. Tudo se escureceu, tudo se apagou, apenas os tambores embalavam minha transição.

Senti o homem de palha a me pegar, e eu a rodopiar, me vi na floresta, na gruta da morte. E, no lugar santo, apaguei de vez.

9. O outro lado

Começo a abrir meus olhos lentamente, com muito peso e dor. Sentia nas minhas costas um chão frio e meio úmido, também meio pegajoso ao toque da mão. Procurava me virar, mas não conseguia, apenas puxei o ar pelo nariz e senti cheiro de defumador em brasa. Mais uma respirada, e minha memória voltava por completo. Havia eu morrido e matado minha mãe de tristeza. Minhas lágrimas escorriam sem mesmo conseguir abrir meus olhos.

Uma dor me dilacerava as entranhas. Como pude ser tão burro! Nesta hora, uma mão me acariciava a cabeça, pegava meus braços em tom maternal e dizia:

– Calma, Beato, calma, nem tudo está perdido. Agora pare de se maltratar, você não pode esquecer dos ensinamentos. Se continuar a pensar assim, não consigo te ajudar. Pense nos Orixás, nos ancestrais.

A voz era muito familiar, mas meus soluços e meus gemidos de choro não me deixavam a clareza de quem era. Sabia que era uma mãe negra, e isso me bastava para confiar e escutar.

Havia errado ao não ouvir antes a minha Iá; não poderia errar de novo. Busco o ar, seguro com um pouco de força as mãos da negra e procuro me encontrar com a força de Omolu, que havia me abençoado e me dado a chance de viver. Mesmo que logo após eu tenha desistido da vida de forma estúpida, Omolu me agraciara, por isso também fora me buscar. Concentrando no Orixá dos mistérios no fundo de minha alma, escuto tambores. A mãe que ali estava acompanha o ritmo com suas palmas e entoa cânticos sagrados, que diziam assim:

Salve o mestre Omolu, salve os mistérios.
A terra não me come, a terra me engole.
A Nanã, sua mãe, deixo o que era.
E a você, o que sou.
Leva-me, leva-me, Omolu, ao seu reino.
De lá encontre meu povo.
Leve-me, leve-me, Omolu, ao seu reino.
Lá me faça encontrar meu povo.

A canção pedia ao mestre Omolu, senhor da terra e do fogo, que mostrasse o reino e de lá pudesse estar com meus ancestrais. Que a carne, aquilo que era a morte, ficasse com a dona do barro, e o espírito regressasse a suas mães e pais ancestrais.

O canto, entoado em melodia divina e pautado ao som de atabaques majestosamente tocados, me dava paz e logo apaguei novamente. Não sei precisar quantas vezes esse episódio aconteceu, sei que foram muitas vezes em que acordava, não conseguia abrir os olhos, sentia a dor do arrependimento, chorava muito e a mãe negra me consolava e cantava a Omolu. Com algumas variações, creio que foram dezenas e dezenas de vezes.

Passado o tempo necessário, não sei quanto, acordei e consegui abrir os olhos. Estava eu em uma casa, um quarto, bem dizer de pau a pique e coberto com palhas e panos brancos pendurados no que sustentava o telhado, feito de ramos de palmeiras.

Ao lado, um braseiro forte em que alguns chumaços de ervas estavam amarrados e dispostos ao redor, prontos para uma defumação, e de outro lado um tronco de madeira que fazia as vezes de banco.

Tentei olhar para os meus pés e não conseguia ver muito, apenas uma saída, e de suas frestas raios de sol que davam a entender que era perto do meio-dia, pois eram bem verticais. Em cima de minha cabeça não conseguia ver, pois, apesar de abrir os olhos, ainda estava imóvel. Respirei fundo, tentei falar algumas palavras e consegui. Respirei de novo e disse:

– Sua bênção. Motumbá, minha mãe.

Não obtinha resposta, a casa deveria estar vazia, pensei. Continuei e disse em voz alta:

– Salve os Orixás, Babaê Oxalá, Epa Babá. Me renove a fé em seu amor, pois sem ela não conseguirei sair daqui. Salve, meu protetor e Pai Ogum, seu perdão por meu erro. Salve, mestre Omolu, minha gratidão e meu silêncio diante de seu amor. Atotô.

Fiz alguns minutos de silêncio em homenagem ao senhor Omolu. A ele pedia forças e mostrava a minha gratidão. Neste momento, escuto passos e vejo que a porta se abre. À contraluz vejo um anjo negro, um Orixá, com quadril grande e cabelo arrumado dentro do Ojá, saia grande e bem linda, perfume de jasmim.

Era uma Ialorixá, sentia isso, mas à contraluz não conseguia saber quem era. Disse então:

– Motumbá, mãe.

– Axé, motumbá, Axé, Beato, que bom que acordou e não sucumbiu.

Era ela, sabia, era ela, minha mãe de santo, o Orixá na Terra que havia me levado a Salvador, a minha mãe de santo da senzala, a Véia Tiana. Não acredito, que bênção, que bênção! Chorava de emoção e alegria, não poderia parar de agradecer, apesar de colocar tudo a perder, não poderia acreditar naquela bênção.

Muito emocionado, comecei a convulsionar, me debatia como peixe jogado na terra quente, a mãe me segurava e me cantava aos ouvidos a paz de Oxum. Lentamente vou me apaziguando e me acalmando.

– Sim, meu filho, sou eu, não tinha pressa de ver você aqui, não, mas pelo jeito você estava com muita vontade de vir aqui.

Minhas lágrimas escorriam como as cachoeiras de Oxum, mas não estava descontrolado, apenas agradecido e arrependido.

– Meu filho, você acha que eu iria abandonar você? Quando eu precisei, foi você que abriu a casa dos ancestrais para mim. Agora é minha vez de abrir para você, mas antes precisamos te arrumar, você tá muito feio.

Me tirou de seu colo e buscou um cesto cheio de coités e cocos quebrados, cada um com pastas e unguentos, e começou a misturá-los, em uma cabaça aberta, com um pouco de água e cinzas do braseiro. A Ialorixá amassava aquela gosma de cheiro fresco e gostoso. Ao trabalhar, após emitir nossos cânticos de preparo, clamando a Ossain e todos os Orixás as bênçãos, dizia sem parar:

– Kosi Ewe, Kosi Orixá.

E me disse:

– Depois de sua loucura destemperada, Omolu me chamou e me entregou você. Disse que, apesar de sua besteira, você havia prestado muitos serviços a Olorum, e o Sábio Todo-Poderoso disse a Iansã que você deveria ser levado a um ancestral e socorrido. Ganhei você de presente, mas você tava muito machucado, seu coração endurecido e a raiva que você criou de você mesmo era brutal. Demorei quase quinze anos para tirar você daquele estado, que bom que agora você está pronto.

A notícia de início me felicitava e mostrava que todo o esforço no Ilê e na conduta reta de amar os Orixás havia me rendido uma bênção enorme como aquela, mas ao ouvir quinze anos quase morri de novo, afinal, vivi quase isso na Terra. Essa era a minha idade, praticamente, quando morri. Um ato impensado e demorei para acordar quase uma vida toda.

Percebendo meu descontrole, a mãe diz:

– Não deixe o pensar solto. Igual à Criação, se soltar e deixar largado, o Senhor vem e aplica o castigo. Crie a criação para poder usufruir dela, e não para ser escravo dela.

A explicação dava a mim a dimensão de que não poderia deixar minha mente oscilar, e logo aprendia com os dias a pensar com mais calma e força de vontade.

Passados alguns meses entre essa conversa e minha renovação, já conseguia caminhar e sentar. Pedi à minha mãe que queria conversar:

– Motumbá, eu quero saber, se a senhora puder falar... como assim, quinze anos? Ninguém mais vem aqui, só a senhora?

Ela ria e dizia:

– Sim, quinze anos. Muitas vezes, no começo, você levantava e corria para a porta gritando o nome de sua mãe, gritando desculpas e outras coisas. Chegava na porta, desmaiava e começava tudo de novo. Depois não conseguia mais levantar, só gritava e se batia com força, como se castigando. Amarrei seus braços, depois nem isso você mexia e por fim nem os olhos. Você havia gasto as energias da carne e sobravam as do espírito, que estava muito maltratado, e com isso estamos aqui. Sobre alguém te visitar, sim, vieram muitos, muitos capoeiristas, muitos irmãos do seu Ilê, muitos outros que você não se recorda, pois estão lá atrás na ancestralidade. Hoje mesmo vieram três, mas você não os vê porque ainda não pode.

Estava muito curioso e queria saber de tudo, porém precisava perguntar algo mais forte:

– Aguentei o máximo, minha mãe, mas preciso saber de mainha. Como ela está? Está muito brava comigo? Está com seus ancestrais? Ela irá me perdoar?

Logo minha vibração me inquietava e, antes da resposta sair, fui bater cabeça pedindo calma. Ao regressar, recebi a resposta mais triste de todas:

– Beato, meu filho, sua mãe está muito longe e bem perdida. Para ela, tudo acabou, ela devotou a vida para sua liberdade, enfrentou tudo para isso. Ao ver você preso e sendo açoitado, sentiu que a vida não valeu de nada. Odiou ela, os Orixás e você. Acabara naquele instante tudo, pois ela poderia ser cortada por dez anos seguidos e ainda assim não perderia a fé, pois ela acreditava e se sentia feliz com sua liberdade. Quando te viu preso, tudo acabou, e então ela desceu as profundas regiões de sofrimento. Você está na ladeira, não sabe se sobe ou desce; ela desceu, e muito.

Não conseguia me controlar, queria chutar tudo, gritar, correr e o que mais pudesse. Me vendo perdido, a mãe me aplica um golpe de ervas no rosto e caio adormecido.

10. De frente com a realidade

Acordo no mesmo lugar de sempre. Antes de procurar a minha Ialorixá, reflito com meus pensamentos e começo a rezar a Ogum e a Omolu. Peço que me deem a permissão de descer até mainha. Não me importava se seria ruim ou se seria danoso a mim, apenas pedia que de alguma forma eu tivesse força o suficiente para estar lá e dizer a ela o que eu lutei e fiz, e como por um segundo de tempestade mental pus tudo a perder. Mas que a minha mainha soubesse que ela foi vitoriosa, que os Orixás me avisaram; eu que não tive paciência de esperar e de atender ao comando. Me mantive firme naquele propósito, quando ouço uma risada que era inconfundível. Exu estava ali para comigo conversar.

– Salve, meu Pai Exu, Laroyê – eu disse.

As risadas continuavam, e eu continuava dando a ele meus mais sinceros e profundos respeitos. Afinal, qualquer filho de santo sabe da importância e do poder dos Exus.

– Laroyê, Exu! Exu é Mojubá – continuava a saudar.

E então, bem na minha frente, vejo o ser alto e esguio, lindo como uma noite de inverno, reluzente como uma rosa negra.

– Quer dizer que, após ter dado um golpe em tudo, agora não para de chorar? Eu tenho o trabalho de ir ao Orun, conversar a pedido dos Babalorixás, e mesmo assim você se acha mais esperto, mais sabido que eu?

A provocação estava certa. Mesmo que na hora eu não tivesse pensado assim, foi exatamente o que fiz. Desdenhei a ordem de Exu a mando dos Orixás, acreditei que eu era o certo e os meus Orixás eram os errados.

– Meu Pai, o senhor coloca a situação com a clareza mais dolorida possível. Infelizmente foi o que fiz. O senhor me avisou, deixou claro por meio dos búzios, e eu ainda assim acreditei ser inteligente. Descobri que sou um burro. Sofro e creio que sofrerei por milhares de anos minha estúpida reação. Peço seu agô[5], que o senhor me dê o que quiser para eu poder obter de vós o perdão e dos Orixás também.

Exu dava gargalhadas e me circundava. E, após uma medida da cabeça aos pés, falou em deboche:

5 Agô, termo em Iorubá que significa "com licença" ou "me dê licença". Usado para pedir licença a uma pessoa com mais hierarquia. Se pede agô ao Babalorixá para poder falar, se pede agõ para sentar, entre outras coisas.

– O que eu faria com uma coisinha assim? Acha que é obediente, recebe o nome de Soldado, mas na primeira batalha atropela tudo?

Exu continuava:

– Você sabe por que seu mestre te deu o apelido? Não foi por ser obediente, foi por ser arrogante e teimoso, crendo que sabe mais e que sempre está pronto; igual a um soldado branco.

A irritação dominava minha alma junto com uma vergonha sem tamanho. Exu não parava:

– Está vendo? Na minha presença ainda tem a petulância de ficar bravo. Seu insolente! Tudo que lhe disse é pouco. Você não sabe obedecer, não sabe se segurar, sequer sua mente consegue controlar.

Minha vergonha aumentava, pois cada palavra dita era uma peixeira em minhas entranhas. A verdade doía mais que bucho furado.

– Meu Pai, seu perdão, sou muito fraco mesmo. Me ensine a ser forte, me ensine a trabalhar. Quero servir aos Orixás, mas antes preciso ir ver minha mãe.

Exu dava mais gargalhadas e continuava:

– Vê? Acaba de pedir perdão, vejo que vai se curvar, se põe como servo e do nada diz que antes tem que fazer algo, ou seja, continua a saber mais que eu, o espelho do Orun.

O final da frase veio com um estrondo, e uma densa treva se fez em tudo. A gargalhada, agora mais metalizada e distante, era acompanhada por insultos como:

– Insolente! Petulante! Arrogante! Ignorante!

Eram tantos "antes" e "entes", que eu não parava de chorar, e a densa camada de escuridão me pressionava a pele astral. Por fim, as trevas eram totais, e a última frase de Exu foi:

– Se vire, todo-poderoso Beato.

11. Um novo despertar

Levantei com certo temor, pois nada via. Ao apoiar a mão para me erguer, sinto uma cabeça e logo um gemido. Ponho a mão em outro espaço e encontro outra cabeça. Me levanto sem apoiar e sinto meus pés pisotearem cabeças e corpos, todos gemiam e gritavam dores, medos e horrores. Ao longe, uma pequena tocha era a única referência que eu possuía, e não via mais nada.

Corri, mesmo que pisando em toda aquela gente em dor, pedindo a Orixalá sua bênção. Acreditava que estava no último mundo, no mundo infernal.

Ao me aproximar da tocha, consegui ver que o chão eram homens e mulheres rastejando ou imóveis, meio destruídos, quase despedaçados. Alguns perdiam carne, como se estivessem apodrecendo. Mais perto ainda da tocha vejo que todos eram negros, negras. Um frio se instala e, mesmo ainda conseguindo rezar, meu corpo começava a sentir dor da fraqueza.

Vejo um homem segurando imóvel a tocha. Com ele vou falar:

– Salve, preciso sair daqui. O senhor pode me ajudar?

– Não.

A resposta seca e imóvel me deixava nervoso.

– Quem é o senhor, posso saber, por favor? Sou Beato, chamado Soldado, e gostaria de saber algumas coisas. Com quem posso conversar?

– Sei quem você é e sei o que quer. Sei quem te trouxe e, por isso, só ele pode te tirar daqui.

As respostas eram sempre diretas, e insisti:

– Posso saber quem é o senhor?

– Sou aquele que você não quer saber. Se eu te disser, aqui ficará até eu decidir. Portanto, suma daqui. Pegue essa tocha menor, e é o máximo que posso fazer por você.

Sem discutir, peguei a tocha e fui tentando achar um caminho ou um lugar sem aquelas almas sofridas. Enquanto caminhava, examinava cada rosto e cada corpo pensando ser de minha mãe.

Meus pensamentos voavam, não sabia o que era aquilo, o que fizeram para estar ali. Mas eram meu povo. Não bastava o que já sofreram? O que passaram e ainda tinham que passar após a morte?

Uma revolta me invadia com força, e, antes que ela me dominasse, senti um sopro no cangote e uma voz rouca a me dizer:

– A revolta é a porta da permanência aqui. Não questione a justiça de Olorum, Xangô é a Justiça.

A voz me mostrava que mais uma vez eu acreditava ser mais sábio que o próprio Senhor da Justiça. Se aqueles seres ali estavam, havia uma razão, assim como eu estar ali tinha uma razão. O orgulho só me afasta dos Orixás.

Pensando daquele jeito, comecei a tentar questionar cada indivíduo no chão, mas nada consegui. Andando um pouco mais, avistei uma poça d'água e ali fui ver as condições, afinal estava com muita sede. Três homens bem fedidos se aproximavam e diziam que a fonte era deles e que ninguém poderia pegar.

Olho para a fonte e vejo que não para de sair água, e parecia cristalina. Percebo que todos ali tinham sede e que aqueles homens, por estarem em pé, impediam com chutes e golpes as investidas dos necessitados.

Olho para um deles e educadamente digo:

– Entendo que é de vocês, não a quero para mim, mas um pouco dela não irá fazer falta, me parece que ela não para de escorrer. Vocês poderiam me dar um pouco e ajudar esses nossos irmãos. São nosso povo.

Ele me olha me medindo, vendo do que eu seria capaz, e diz:

– Não sei como você está de pé ainda, nunca vi um andante aqui, só rastejante. Há muito tempo encontrei a fonte e depois de beber nela fiquei bom, por isso não dou a ninguém. Só quem eu quero bebe, e por quanto tempo eu quero. E não é meu povo. Meu povo é outro.

Ele se vira para chamar um dos outros homens e vejo a marca dos negros mandingas. Esses negros eram usados como capitães do mato e caçavam outros negros, faziam os serviços dos brancos, eram soldados e manipulados pelos brancos. Meu sangue ferveu, e comecei a pensar em me atirar nele. Porém, me lembrei de Exu e vi que mais uma vez minha ação não seria pensada nem divina.

Respirei e tentei outras conversas. Nenhuma deu resultado. Até que ele manda eu me afastar e tira da calça um espeto de pau, querendo me ameaçar. Digo:

– Calma, não quero confusão. Vou andar.

Minha vontade era desarmar o sujeito e logo acabar com aquilo, mas resolvi aprender a pensar. Me afastei um pouco, sentei em uma pedra e comecei a pedir a Exu uma luz. Queria beber a água e ao mesmo tempo ajudar aquela gente. Queria distribuir a fonte e impedir que alguém a dominasse e escravizasse o povo já cansado de escravidão.

Canto para Exu e logo um senhor bem velho rastejando aos meus pés me chama:

– Filho, filho. Tome isso para você, pegue, pegue. Eu não consigo com eles, mas você consegue. Tire eles do poço, estou ardendo de sede.

O velho me dá uma adaga, uma peixeira de pouco mais de um palmo, com o cabo trançado em forma de cobra. Vi ali um Orixá e pergunto:

– Senhor, esta adaga é de corte? O senhor era Axogum?

– Sim, era, sim. Mas perdi a mão, deixei que o ódio e a revolta me dominassem e acabei por trair minha Ialorixá, porque ela não quis fazer magia para acabar com um patrão meu. E eu era livre, por conquista, e fui no Ilê morar, precisava trabalhar, fazia descarga no porto. O senhor patrão não me pagava e então queria fazer mal a ele. A minha Ialorixá disse não, e eu então fiz a ele o mal e a ela também.

Como pode um negro fazer mal a sua mãe de santo? Tinha vontade de esganar aquele velho. E mais uma vez me lembrei da lição e respirei fundo.

– O senhor sabe que eu também desobedeci a minha Ialorixá? E entendo agora por que estou aqui.

Fiquei furioso com ele, mas eu era igual. Pensei: estou aqui por merecimento, vou aproveitar e fazer algo de bom. Não é justo que alguém domine uma fonte e não ajude seus irmãos. Dizia eu:

– Exu, preciso de sua permissão. Não vou querer agir mais por mim. Por favor, meu pai, dê a mim o que quer que faça.

Senti que tomava um empurrão. Olho para trás e vejo três senhoras chorando e dizendo:

– Vá lá, por favor, não espere! Estamos com sede. Vá!

Comecei a me dirigir à fonte. Chegando lá, os homens me apontavam e já falaram:

– Não tem água, nem se aproxime. É o último aviso.

Queria correr e já terminar com tudo. Porém, queria muito a permissão de Exu, por isso me ajoelhei e depois me rastejei. Os homens não me viam mais, e rastejando escuto vozes embaixo, como se a terra fosse muitos corpos.

No meio das dores e gemidos, creio escutar a voz da minha mãe. Meu coração acelera, quero encontrá-la, sinto um puxão e tudo se apaga.

Abro os olhos. Exu está sentado na pedra que antes estava, e ninguém estava mais por perto.

– Aqui não está sua mãe. As vozes do embaixo são dos que querem que você se transforme no verme que rasteja, irão deixar sua mente confusa e louca. Não dê ouvidos. Não falarei mais sobre isso. Sua mãe não está aqui. Pode ir libertar a fonte, mas cuidado! Deixe que eles acreditem que você só a quer para você.

Volto num impulso ao mesmo lugar onde estava rastejando. Continuo a escutar minha mãe, que agora diz meu nome pedindo socorro. A voz era igual e minha alma se enchia de choro e piedade, mas não podia mais duvidar dos Orixás, então segui minha caminhada.

Cheguei bem perto da fonte e me levantei, dando dois rabos de arraia no guarda que naquele lado estava. O sujeito é então preso pelos seres que rastejavam. Dois outros se aproximavam, e mais uma vez derrubei um a um.

Cada vez que derrubava um, os seres que estavam no chão se envolviam neles sugando sua pele e seu corpo, mordiam e chupavam a energia do pescoço e da barriga.

Mais dois vieram e o mesmo fim teriam.

Os homens gritavam para o chefe, que, ao me ver, diz:

– Corajoso, vem aqui sozinho e derruba vários de meus homens. Eu vou acabar com você! E eles lutarão para manter isso para eles.

E eu respondo:

– Calma, não quero tirar deles. Quero tirar de você. Você dá a eles a menor cota possível, deixando eles quase fracos. Eles aguentam os rastejantes, mas não podem comigo. Poderiam se tivessem tomado mais. O que quero é um exército forte, e eles serão meus homens. Estou de pé, pois possuo três fontes; essa será a quarta, e eles serão meus convidados. Se um deles ficar ao seu lado, acabará como os outros.

O chefe, vendo que eu poderia dominar os seus homens, manda me atacar, dizendo:

– Ele é um mentiroso, só quer distribuir a água para os fracos.

Alguns vêm em minha direção, não resistem e caem. Então são devorados pelos desesperados. Dou um salto como um voo, mostrando o domínio da arte, e, com a adaga em mãos, corto um dos braços do chefe, que sem reação cai e é devorado, mas não como os outros, pois resiste e sai correndo, prometendo vingança.

Os homens se aproximam de mim e dizem que, se não for para distribuir a água, eles me aceitavam como chefe. Havia ali mais de trinta. Então pedi que se curvassem e dei vários golpes rápidos, e todos acabaram no chão.

Olhei para os seres em desespero e disse:

– A água é para todos, porém eu controlarei até que não tenham a vontade de dominar a região. Vou ver quem pode ajudar.

Nisso, se aproxima o homem com a tocha e me diz:

– Eu tomo conta e distribuo; saia daí.

Me joga para longe e logo saem da mão dele vários potes de água, que são dados a todos. Um deles é dado a mim pelo senhor da adaga.

– Tome, meu filho, obrigado, obrigado.

Tentei devolver a adaga, mas ele não deixou, apenas pediu que eu continuasse a lutar.

Restabelecido em minhas forças e bastante feliz em ter ajudado aquela gente toda, e mais ainda por ter tido a paciência de esperar e agir conforme Exu me dissera, passei a caminhar sem destino, pensando em como eu poderia ajudar minha mainha. A culpa ainda me assolava muito e em tudo.

Passei a rezar, pedindo a Olorun que ajudasse minha mãe e dizendo que eu estava disposto a fazer o que Ele quisesse, eu seria um bom servo, um bom soldado, e que não sabia de todos os desígnios, mas sabia que amava muito a mainha e me sentia responsável pelo ocorrido com ela.

Cantei muito as cantigas do meu povo, pedindo a Olorum, a Olodumaré, muita paz e ajuda a mim e a minha mãe. Agradeci muito, também a Exu; sua lição fora valorosa e esperava voltar a servir, caso assim ele desejasse. Dito isso, escuto a sua risada e sinto a sua mão em minhas costas a me chamar:

– Beato, muito bem. Doeu obedecer? Foi assim algo muito ruim?

As gargalhadas mostravam como somos tolos em crer que sabemos de algo. Me curvei, bati minha cabeça em ato cerimonial apropriado e me dirigi a ele:

– Sua bênção, meu Pai. Não doeu nem um pouco, a dor só existe quando eu executo contra a Lei ou contra os Senhores. Obedecer Orixá é garantia de felicidade. Obrigado por me ensinar.

Mais risadas e Exu responde:

– Que bonito, aprendendo, muito bem. Vamos ver se você está mesmo servindo para alguma coisa. Caminhe em direção reta até encontrar uma árvore seca com galhos em forma de um gigante tridente. Lá sente e me espere.

Sem ter tempo de agradecer, Exu some das minhas vistas e começo a andar. Pego no pote de água que havia ganhado e percebo que ele estava de novo cheio. Bebo e me sinto reconfortado e forte.

12. Mais uma lição com o mensageiro

A caminhada é longa, demorada. No caminho me deparo com muitos outros seres sedentos. Indico a cada um o caminho da fonte e dou um pouco de minha água para que tenham forças para prosseguir.

Muitos eram do santo, carregavam no corpo as marcas sagradas, tal como eu. Aquilo me fazia pensar em como ser filho de fé não é o bastante para estar com os Orixás.

Avisto uma senhora toda de branco, uma baiana legítima filha de Oyá, que também estava andando. Peço licença a ela e digo:

– Salve suas bandas. Motumbá. O que faz uma Iá aqui?

Ela me olha e diz:

– Salve. Eu que pergunto o que um samba faz aqui. Eu não sou Iá, sou apenas uma Iaô. Mas estou aqui para ajudar duas pessoas que minha mãe pediu, vim acompanhada dos Exus que estão ali.

Com o dedo, me apontava dois Exus bem grandes e sérios, querendo me dizer para não tentar nada com ela.

– Eu não sei por que estou aqui, mas com certeza não é para fazer o mal, não se preocupe. Estou indo em direção a um serviço de Exu. Boa sorte. Que os Orixás te abençoem.

Antes de voltar a caminhar, um homem rastejando vinha em minha direção e me agarrava nas calças pedindo para parar um monstro que queria pegá-lo. O homem mostrava o nada e se desesperava, dizendo que o monstro estava perto.

Não poderia dizer a ele que não via nada, apenas disse que não se preocupasse, que tudo daria certo, e dei a ele um pouco de água, que para minha surpresa só tinha mais poucos goles. Pensei em não dar mais, porém seria injusto de minha parte, pois, se precisasse, tinha pernas para voltar à fonte, aquele homem não as possuía.

Dei toda a minha água e o homem desmaiou. Ao ver a cena, a baiana Iaô disse para eu fazer um favor, verificar se o homem tinha marca de uma garra de cinco unhas no pescoço.

Analiso o senhor e vejo bem claro as cinco marcas de garras bem profundas.

– Sim, o homem possui essas marcas.

A Iaô se enfurece e grita:

– O que você deu para ele? Você o deixou morto? O apagou?

Não entendia a fúria. Mesmo tentando me explicar, a moça manda os ditos Exus me pegarem e me darem uma lição.

Ao se aproximarem, não mais os reconhecia como Exus, apenas como homens fortes, grandes e bem poderosos, mas definitivamente não eram Exus.

Saldei os falsos Exus e pedi ajuda a Exu. Falei que eles não se aproximassem, pois ninguém tocaria naquele homem, muito menos eu, sem que um Exu de verdade chegasse perto e autorizasse.

Os dois não param e começam a me atacar, me safo de um lado, de outro, tomo duas bordoadas secas no ouvido que me deixam zonzo, mas aproveito o chão seco e cheio de pó e areia, jogo nos seus olhos e derrubo os dois. Pego o homem e corro em direção à árvore sagrada, que ainda não era avistada.

Cansado com o peso, deixei o homem um pouco e fui pegar meu pote para beber água, mas vejo que ele estava vazio.

Agora estava complicado. Cansado, com sede, e ainda teria que carregar o homem, ou deixá-lo à sua sorte, e isso não faria. Ele era como eu. Se um Exu falasse para deixar, eu deixaria, mas vir a se passar por Exu... isso eu não aceitaria.

Procuro em volta um lugar para me amoitar, mas tudo ficava muito à vista, então tomei uma decisão. Vou deixar o homem bem à vista e fazer de conta que vou me afastar. Quando eles chegarem, eu vou para cima. Enquanto isso, espero que Exu, Olorum, Ogum, que alguém me socorra.

Acomodo o senhor no chão e, antes de deixá-lo, ele acorda e fala em gemidos:

– Não me abandone, por favor.

Eu digo a ele que não estava abandonando. Tento explicar a estratégia, ele compreende e aceita. Como os homens não apareciam, perguntei:

– O senhor os conhece? O que querem de você? E o monstro que via, o que era?

O homem fica agitado e olha para os lados como quem procura alguém a espioná-lo. Por fim, me diz:

– O monstro é um ser criado por uma Ialorixá, a mesma que me matou. Disse que eu serviria a um propósito bem definido. Após me matar, fez um feitiço, e desde que acordei morto o monstro me persegue e me leva ao encontro da Iaô que coleta meu medo. O senhor me salvou, era a décima vez que me lembro de ter acontecido.

A ideia de que uma Ialorixá fizesse o mal e usasse os negros para feitiços como aquele me doía a alma e me balançava as crenças.

Disse ao senhor:

– Não se preocupe, daremos um jeito, porém o senhor precisa aprender que também tem algo que fez, pois está aqui. Então reze aos Orixás para que aprenda e logo alguém, um Exu, virá socorrê-lo. O senhor era filho de quem?

O homem se contorce e começa a mudar a fisionomia. Dele se faz o Exu que vinha me ajudando. O saúdo e ele me diz:

– Muito bem, aprendeu algumas valorosas lições. A primeira é que não é a cor da pele que faz você bom ou mau, a segunda é que não é ser ou não do santo que te faz bom ou mau. Outra é que, independente da nossa missão, jamais deixamos alguém para trás, pois a maior missão de todas é levar as almas ao Orixás. Você, tendo que ir até a árvore, socorreu pessoas, deu toda a sua água, enfrentou impostores e auxiliou um doente. Eu não te mandei fazer nada disso, mas você ainda assim o fez, pois sabia que era o certo. Não queremos obediência estrita, queremos que vocês cumpram seus destinos e ainda assim cumpram as nossas ordens.

A fala de Exu me deixava muito feliz e contente. Realmente as lições eram aquelas; doídas, mas eram aquelas.

Exu continuou:

– Você não quer voltar lá e mostrar para a Iaô e para os falsos Exus que eles não podem mais fazer isso?

O convite me parecia dúbio, e via que era um teste, mas qual seria a resposta do teste? Me silenciei e pensei.

Após alguns instantes, disse ao Exu:

– Meu Pai, o senhor sabe que minha vontade é bem essa, aplicar uns golpes e mostrar que não se faz isso. Porém tem algumas questões. A primeira é que não dou conta deles, eles são maiores, estão em dois e eu estou fraco. A segunda é que o senhor me pergunta se não quero; portanto, não é para eu ir, mas para eu lhe falar, pois quem sou eu para fazer justiça? Somente o senhor, que é Exu, poderá fazê-la, pois escuta Xangô; eu apenas rezo a ele. Minha vontade não é ensiná-los, e sim castigá-los pela coisa horrível que fazem. Se o senhor for lá, dará a eles a oportunidade de aprenderem; portanto, saberá o que fazer.

Exu dava gargalhadas.

– Então aqui embaixo você está aprendendo rápido tudo que não aprendeu na Terra?

A verdade doía em minha alma como chumbo de meganha. Ele tinha toda a razão: se eu tivesse escutado antes, minha mãe não estava onde está.

Exu continuou:

– Depois eu irei lá acertar as contas. Quanto a você, siga até a árvore que lhe falei.

Agradeci e caminhei na direção apontada, pois não via a árvore. Enquanto caminhava, pensava nas lições e tentava trabalhar meus sentimentos de raiva das pessoas que usam os Orixás para fazer o mal. Lição por lição fui revendo com o objetivo de aprender e aprofundar o tema em mim, plantá-lo com muito jeito para que florescesse em definitivo em minha vida.

Começo a chorar sem parar, pois comecei a entender que, mesmo na morte, a minha mãe era a minha maior professora. Sua dor, sua decepção, sua queda me mostrava a lição mais dura de minha existência: obedecer os Orixás. Se não ocorresse nada a mainha, eu provavelmente não teria feito nada de diferente, continuaria a achar que sabia das coisas de meu jeito e de meu tempo. Mainha era realmente um Orixá em minha vida.

Limpando as lágrimas, escuto um pedido de socorro. Olho para o lado e vejo mainha gritando de dor, toda eviscerada no chão. Começo a correr, paro e penso: Exu falou que mainha não está aqui, e, se ele falou, tá falado. Ela não é minha mãe.

Olho para aquele ser e digo:

– Pode parar de disfarçar, feiticeira, você não irá me enganar. Sou filho de Ogum, Exu é quem me guia nessas bandas.

Dizendo isso, seguido das saudações e dos cânticos, a aparência de mainha vai se transformando em uma velha feiticeira, uma Iyami Oxorongá perigosa. Eu me lembrava dela dos mitos de Oxóssi, quando o caçador com sua flecha única a derrubou dos telhados da vila e salvou a tribo.

A feiticeira se levanta e parece um pássaro gigante flutuando com seus farrapos e panos esvoaçantes, cheia de penas e couro. Do alto grita:

– Você será meu. Se não foi pelo amor de sua mãe que está presa comigo, será preso do mesmo jeito.

A feiticeira voava em minha direção. A única coisa que veio em minha mente foi Oxóssi. Gritei ao caçador:

– Okê. Okê Arô. Salve, todos os Odés!

Intuitivamente saco a adaga do Axogum e a jogo em direção à feiticeira. Ou seria adaga guardada por Oxóssi ou seria um escravo de Iyami.

A adaga vai certeira no coração, a feiticeira cai e some. Pego a adaga e volto a caminhar em direção à árvore, agradecendo a Oxóssi e também muito pensativo, pois a feiticeira falou que estava com minha mãe.

Após um tempo considerável, chego a ver no horizonte uma árvore, em uma colina em direção ao céu. Estava claro que só poderia ser aquela árvore com o tridente de que Exu me falara.

Estava eu em cima dessa colina. Para chegar lá, deveria descer e percorrer uma leve planície. A névoa, antes inexistente, estava ali, porém o ambiente era mais claro e pude dispensar a tocha que até então me acompanhava. O clima frio e nublado parecia de uma montanha alta em dia de sol.

Caminhei com cuidado, algo em minhas entranhas dizia que ali havia armadilhas e perigos amoitados à espera de um transeunte.

Dou poucos passos em direção ao vale e vejo pedras soltas, pedras mortas, sem nenhuma vegetação ou musgo. Observo que não teria como escolher outro caminho, por todo lado eram essas as possibilidades. Com cuidado vou descendo e as rochas vão se desprendendo e rolando colina abaixo. Um barulho grande se faz com isso.

O barulho e a vibração despertaram as cobras. Todas, ao mesmo tempo, saem de suas tocas em nítida agressividade. Procuravam quem era o louco de despertá-las.

Não tardariam em me ver. Calculo bem o que iria fazer, mas esperar é que não dava. Descer devagar não conseguiria, pois as cobras iriam me pegar, o jeito era descer rápido e pulando.

De pulo em pulo, escorregando ali e me ralando em outro lugar, consigo desviar das cobras e, junto com um monte de pedras soltas, chego na base da colina. Certamente que muitas rochas chegaram depois de mim, o que foi algo ruim, pois uma delas me atingiu na face, cortando um dos meus olhos e me deixando com apenas uma vista. Se com duas boas quase me prejudiquei, agora é que ficaria tudo mais difícil. Entretanto, não tive muito tempo para descansar ou lamber as feridas: as pedras não paravam de rolar morro abaixo e logo algumas cobras estavam sendo arrastadas para perto de mim. Eu deveria correr ou todo o esforço seria em vão.

Com pressa e mais preocupado com meu olho ruim, esqueço a intuição, amiga interior, e vou sem o cuidado necessário rumo à dita árvore. Não preciso dizer que três pulos à frente havia um buraco enorme escondido em meio à névoa. E o seu fundo fui conhecer.

Além do susto, o buraco era grande e fundo, e minha perna esquerda ficou danificada. Sentia dor e não poderia mais me apoiar com firmeza. Não sei se é possível quebrar algo em espírito, mas para mim tinha quebrado a perna na altura do tornozelo.

Em um buraco, com um olho e uma perna com escoriações e bem perto do destino. Meu pensamento voava em me amaldiçoar por ser tão burro.

Nada adiantaria chorar, era preciso encontrar uma maneira de sair dali. Sabia que deveria fazer sozinho, pois estava claro que tudo aquilo era um aprendizado. Rezei a Exu e a Ogum, primeiro para proteção e para agradecer as lições, segundo porque precisaria de uma força de vontade extra para não desistir.

Muitas tentativas em subir, não havia onde se apoiar. Tudo que eu fazia aumentava mais a lisura das paredes do buraco fundo. Sento, acalmo a minha mente com cantigas e me encosto na parede para pensar melhor e buscar a minha fé. Estava ali por minha causa, eu que criei tudo aquilo, eu que não obedeci os Orixás, não escutei Exu e, por fim, não escutei a minha intuição. Do que me adianta olho, se não sei olhar, e perna, se não sei caminhar?

"Assim, quem sabe se sem olho e sem perna eu aprenda a ouvir?", pensei em meio a meus devaneios.

Logo escuto a risada do meu protetor. Exu se fizera, o ambiente era outro e a risada dele me confortava e animava.

– Salve, meu Pai, sua bênção. Devo ser uma comédia mesmo, não é?

Mais risadas seguidas de gargalhadas, e a frase solta me dá mais uma lição:

– Bom que fosse comédia; você é uma tragédia.

A verdade estava de novo estampada na minha face: comédia seria se fizesse os outros rirem, mas o que fiz foi fazer os outros chorarem. Realmente sou a própria tragédia.

– Meu Pai, não sei como sair desta enrascada em que eu mesmo me meti. Tentei, mas não consegui. Sei que fui eu, sei disso, mas, e agora, o que faço?

Exu se apresenta bem na minha frente e diz:

– É claro que você se meteu nessa enrascada! Não existe enrascada, a não ser a que vocês mesmos criam. Se ouvissem a intuição, seguissem o caminho de Ogum e Exu, se atendessem aos Orixás, não haveria enrascadas.

Minha vontade era nunca mais falar, pois tudo que eu falava virava contra mim, e com razão...

Antes de concluir meu raciocínio, Exu me dá um safanão e diz:

– Contra você? Contra você? É o que você faz; o que eu faço é em seu favor. Estou dando a você valorosa e rápida lição. Ingrato.

Acho melhor nem pensar, pois sempre erro.

– Desculpe, meu Pai, não foi esse sentido que queria pensar. Obrigado pelas lições de vida, prometo que quero executar tudo o que o senhor mandar.

– Não há problema em errar, Beato, esqueça a punição. Porém, não se pode errar sabendo que vai fazê-lo. Estamos aqui para corrigir e ajudar, e não para punir. Não tenha medo de errar, tenha apenas apreço em acertar.

Exu olhou em volta e, por fim, antes de desaparecer de novo, disse:

– Pegue a adaga e cave, cave nessa direção e você fará uma escada. Antes de chegar ao topo, você encontrará a saída. Não esmoreça, nem creia que é impossível.

Peguei a adaga e comecei a fazer espaços para fincar o pé e as mãos.

Olhando para cima, a impressão é que seria impossível, só em mil anos chegaria ao topo, era muito alto. Porém, se aprendi algo, é obedecer, então vamos lá.

13. E a aula continua

Após muitas horas, tinha saído uns dez metros do fundo. Olhando para cima, a sensação era de que não tinha subido nada. Continuei e assim o fiz por muitas horas.

Do nada escuto um estrondo e a parede à minha frente desaba e com ela vou junto à frente.

Me encontro num grande salão, cheio de pedras e rochas formando um círculo; logo na frente havia uma escada. Olho ao redor, peço licença e caminho com cuidado para a escada.

Chegando ao meio do salão, escuto várias vozes. Olho em volta e nas pedras e rochas havia doze seres sentados. Todos com roupa de Xangô. Olhando para isso, me ajoelho, bato cabeça e me coloco aos pés do Rei.

– Motumbá, Kaô Kabecile Obá.

Um dos doze me diz:

– Axé, Motumbá Axé. Seja bem-vindo, Beato do Espírito Santo. Soldado, o que faz em nossa casa?

Eu iria dizer que foi um acidente, que caí ali e estava louco para subir as escadas e encontrar a tal árvore, mas, apesar de ser essa a versão mais parecida com a verdade, sabidamente não era.

Pensei por alguns instantes e disse, já em meio às lágrimas de minha dor de alma:

– Estou aqui porque meus atos e omissões fizeram outros sofrerem, em especial pessoas que amo por demais. Derrubei minha mainha e a joguei contra os Orixás, contra Olorum, tudo por não saber ouvir nem obedecer. Tenho me julgado, tenho julgado a todos por causa disso, da escravidão e tudo mais. Estou aqui, pois não aguento mais julgar, e também quero muito ser julgado pelos senhores. Kaô. Me submeto aos senhores.

A mesma pessoa de antes diz:

– Vamos por partes. Primeiro é preciso entregar a mim todo o seu julgamento, aprender que você não sabe nada e que é apenas um. Se não entender que apenas o Todo pode julgar, continuará a acreditar que um possa. Portanto, eu não posso, eu sou um, mas o Todo pode e eu apenas traduzo o Todo.

De verdade queria parar de julgar e com isso acabaria de pensar que alguém era vítima e outro algoz. Mas não sabia como.

– Meu Pai, não sei como fazê-lo, mas é tudo que eu quero.

O mesmo senhor diz:

– Se é o que queres, se curve.

Me deitei no chão em posição submissa e respeitosa. Escuto um outro senhor se levantar e me tocar as costas. Me ajoelho, ele me dá um colar de contas e diz:

– Toda vez que você julgar, aperte essas contas e então passará o julgamento a mim. Você, mesmo julgando, não agirá e lutará com suas forças para abolir o julgamento de seu coração e de sua alma.

Aceito com felicidade e bato cabeça para aquele senhor de Xangô.

Penso logo que aquele era o melhor e mais lindo presente que já havia ganhado. Agradeci muito.

O primeiro que havia se manifestado retoma a palavra:

– Em relação ao seu julgamento, já o fizemos. A sentença será conhecida daqui a alguns anos. Até lá, deverá aprender a reparar aquilo que estragou.

Escutando aquilo, meu coração se encheu de fé e alegria. Eu poderia ajudar minha mainha, seria um sonho. Ansiedade e palpitação se fizeram junto com um sorriso em meus lábios.

– Suas ações despertaram em muitos fúria, revolta e dor. Para começar, deverá resgatar os soldados portugueses que você matou no pelourinho. Deverá levar alento ao coração das viúvas que você fez.

A notícia era uma catástrofe. Como assim? Eu vou ter que ajudar os brancos que me mataram? Que me fizeram ver mainha morrer? Meu sangue fervia quando um outro senhor deu uma machadada no chão e tudo tremeu.

– Seu insolente e arrogante! Na casa de Xangô ousa desafiar as ordens? Não aprendeu nada? Ainda é tempo de retirarmos o que esperamos de você. Quer ajudar sua mãe? E só nela que pensa? Imagine que outras mães como a sua choram a perda de seus filhos, filhos a de seus pais, esposas a de seus maridos, por sua causa. Ainda fez com que eles odiassem ainda mais sua raça, tudo por ter tirado deles o amor e o pão. Não há na casa de Olorum cor, pois todos são filhos da África, todos são negros, mesmo estando hoje brancos. São seus irmãos, filhos de um mesmo Pai e Mãe.

A bronca, a força enérgica e a lição em minha alma eram claras. Em um grande relâmpago vi a grande Mãe e o grande Pai parindo todos os seres da Terra e uns indo se afastar da Mãe e se perder, e ela ao longe chamava seus filhos em amor.

Me curvei e, pedindo maleime, agradeci e disse que seguiria o que mandassem.

Logo o machado foi batido de novo e tudo tremeu. Fui jogado ao chão desacordado.

14. Ajudando os brancos

Acordei com uma sensação de dor de cabeça, tamanha a lição que me fizeram tomar. A decisão de Xangô de me enviar aos lares de brancos, e ainda de brancos que estavam a fiscalizar a lei da Coroa, que fizeram minha mãe e eu morrer, que aceitavam e compactuavam com a escravidão, me enchia de dúvidas e de muito rancor.

A lição não poderia ser mais clara. O grande Pai e a grande Mãe negros pariram todos os seres, e uns, se afastando da mãe África, se tornaram brancos, amarelos ou indígenas. Por mais que façam coisas erradas, são meus irmãos. Essa constatação me tirava o chão, pois era em minha mente muito fácil o seguinte: negros são bons, brancos são ruins; logo, brancos deveriam aprender umas lições e os negros deveriam ser defendidos. Tudo certo.

A visão da fraternidade humana e a presença de muitos irmãos de cor naquele local cheio de lodo, de musgo e de dor mostravam que a vida seria muito mais complicada de entender que a minha forma de ver até então.

Confesso estar muito perdido e cheio de senões, e mal conseguiria abrir o olho, não fosse uma mão amiga e amparadora que existia ali. Sem saber para que local havia sido levado após a intensa força de Xangô, uma senhora de mãos gordas e lisas me amparava, me colocando em seu colo, a cabeça pesada e atormentada, e com o carinho leve me cantarolava cantigas de Oxum.

Queria ficar ali o resto de minhas vidas, a paz, o amor que eu sentia e o carinho, a clareza de estar protegido e cuidado, e ainda amparado com o conforto, eram indescritíveis e nunca mais esqueci aquele momento. Ainda nos dias de hoje, quando preciso de apoio ou conforto de alma, me projeto para aquela força.

As cantigas de Oxum me embalavam, e aquela senhora me disse, entre uma e outra canção:

– Beato, você deve aprender a separar as coisas dos homens das de Deus, deve aprender que Deus tem planos para todos nós e ninguém será esquecido, nenhum soldado, nem mesmo o rei, ou a princesa, brancos ou indígenas, negros ou orientais, todos estão nos planos divinos, essa é a lição. Se você separar um do outro em sua mente, não será igual aos brancos? Se crer que um é mau e o outro é bom, não será o pensamento dos brancos, que tanto condena?

A lisura e a voz aveludada e doce iam fundo em minha mente e, apesar de me acalmarem, me chocavam, tamanha a clareza e a verdade que elas inspiravam. Tentava, sempre que ouvia as falas, rebater, discutir, mostrar que minha visão também tinha seu lado de verdade e que não poderíamos simplesmente esquecer todo mal que os brancos estavam fazendo aos negros e aos indígenas, pois seria tudo muito injusto. E uma vez após outra, em uma paciência infinita, a voz da representante de minha Mãe Oxum me mostrava que meu pensamento estava muito humano e pouco divino.

A voz, por fim, me disse:

– Lhe direi mais esta vez apenas. Se não quiser entender, eu compreenderei e levarei você de volta à cabana de sua Ialorixá. Lá seu rumo será traçado de forma diferente da forma para a qual acreditávamos que você estivesse pronto. Não entenda como fracasso, mas sim como constatação de que ainda é cedo para exigirmos de você algumas posturas. Porém, se após eu falar, você escutar com a alma e se deixar levar por minhas palavras, e tentar acreditar que Oxum sabe mais que você, então poderemos continuar. Acredite, os Orixás sabem mais que você. Quando você acreditou ser melhor que os Orixás, sabe aonde te levou. Por favor, ouça, dê uma chance a esta velha de Oxum.

A forma doce porém certeira de Oxum me destruía a guarda; afinal, me mostrar novamente petulante e resistente aos ensinos dos Orixás foi derradeiro. Precisava aprender a ouvir e a querer me mudar, senão de nada adiantaria toda aquela maratona. Me imbuí em alma de escutar e tentar aprender, e a Mãe Oxum continuou:

– Hoje vemos que os brancos exploram todos os povos que podem, exploram a si próprios, sempre buscando ganhar mais fortuna material, mesmo que isso signifique a dor e o sofrimento de sua gente e de outras gentes, como a de meu povo africano. Os brancos creem que o rio, o mar, as árvores são presentes de Deus para poderem fazer o que quiserem. Mesmo Deus está subordinado às leis deles, pois algum homem as escreveu lá no passado e não escutam mais Deus, Deus enviou um filho direto, chamado Jesus, como nossos ancestrais iluminados, para falar com eles. Jesus, sendo a própria força de Deus na Terra, falou do amor, falou do perdão, de não haver distinção de raça, de origem, de nada. E eles, apesar de considerarem Jesus seu salvador, não escutam as falas dele mais. E ele já morreu há mais de mil e setecentos anos, e depois dele não escutam mais Deus. Perderam a ligação com o sagrado Deus, que é Olorum. Ele, Olorum, diz que devemos cuidar desses irmãos desgarrados, pois nós ainda o escutamos. Ifá grita, Exu traz a notícia, as possessões e transes trazem os Orixás de volta, em todo o momento nós estamos com o Divino. Comemos com o Divino. Os rios são forças divinas, o mar é a Mãe, a terra é nossa outra Mãe. Tudo é sagrado. Se olharmos os brancos como ruins, os condenamos para sempre, mas, se os enxergarmos como necessitados de direção, entenderemos que são sofredores e devem ser instruídos. Porém, mesmo se pensarmos assim, o que dizer dos negros que não escutam os Orixás? E o que dizer dos negros que, mesmo Deus dizendo não faça, fazem? E os brancos não escutam mais Deus? Devemos ensiná-los a escutar, mas e os negros que, ouvindo, ainda assim agem de forma diversa? Será que não é pior sua ação? Por isso não podemos julgar e crer que há um povo escolhido, uma cor melhor que a outra, pois somos todos iguais e por isso devemos fazer com que nossos olhos enxerguem não a cor, mas a essência. O egum tem cor, Beato? Ou você acha que os brancos não têm alma e por isso não vivem depois da morte da carne? Você acha que eles não têm Orixá? Como se ligariam a Deus? Ou eles não são filhos do Criador? Pois, se não forem filhos de Olorum, tudo que nós acreditamos em nossa cosmogonia, teologia, é mentira, pois nada foi criado sem as mãos do grande criador Olorum. Perceba que, se colocarmos os brancos como qualquer coisa que não filhos de Olorum, estaremos fazendo exatamente o que eles fizeram com os negros. A verdade é que não podemos combater nossos algozes com as armas deles, pois senão nos tornaremos iguais a eles. Você quer ser branco, quer ser negro ou quer ser Orixá? Como suas Iás mandavam você pensar?

A beleza das palavras, recheadas das imagens projetadas em minha mente, e a energia exalada daquela Oxum maravilhosa me mostravam um mundo mais complexo, porém muito mais bonito e encantador. Os brancos eram filhos dos Orixás, claro, pois tudo é. Olorum é perfeito e dele tudo foi criado, e, portanto, os brancos também eram filhos de Olorum e dos Orixás. Minha forma de ver o mundo estava mais perto das formas segregacionistas dos padres do que da integracionista de meus Babalorixás e Ialorixás. A beleza de enxergar aquilo sem criar em meu coração resistência era formidável, e a lição de que eu sabendo mais, pois assim acreditava que era mais que os outros, e ainda assim não fazia o que os Orixás mandavam, mostrava que eu crendo ser muito era na verdade menos. Porém, a lição não havia acabado:

– Perceba que, se nós continuarmos a brigar, estaremos fadados a dividir o mundo, e tudo que Olorum quer é unificá-lo em uma grande fraternidade. Ao ver negros e brancos sofrendo por seus erros, também verá brancos e negros mais próximos dos Orixás, e serão admirados por você, por sua beleza e sapiência. Olhe e aprenda com todos, respeite a vida de Olorum, que é tudo, é o que pedimos a você, Beato. Porém, não podemos, sob o critério de compreendermos sermos irmãos, aceitar as imposições de nossos irmãos mais novos, por isso devemos parar de brigar, e não de lutar. Sua luta na última vida estava certa, em parte. Devemos resistir para que os Orixás não fiquem sem seu culto, os ancestrais não sejam esquecidos e os negros, brancos, indígenas e orientais saibam que a forma de culto a Deus dos povos de língua yorubá é tão bela e perfeita como as demais. Deverá aprender a respeitar a diversidade, a diferença em lutar para que esse caminho (das tradições africanas) seja respeitado e perpetuado. Pois em breve, Beato, teremos na Terra e no Brasil religiões baseadas em nossos cultos ancestrais, e uma delas você trabalhará, lá na frente, mas trabalhará. E deverá aprender desde já a manter a cultura, a forma de comer e rezar de seus antepassados, a respeitar as outras formas, a lutar pela igualdade racial, sem com isso brigar, humilhar ou desfavorecer outros. Deverá aprender isso tudo com o serpentear do amor. Por isso, começará a executar as ordens já enviadas. Estou aqui apenas para ajudá-lo a compreender e creio que minha parte está por ora acabada. Banhe-se nessas águas e acorde em seu trabalho. Ora Yeyê Ô, Oxum.

Uma corrente leve de água banhava minha cabeça e depois meu corpo, que era acariciado pelas mãos daquela força benevolente de Oxum, e dormi em paz.

15. Cumprindo a missão

Acordei. Estava em companhia de dois homens fortes, negros altos e sem camisa, com expressão séria e de dar medo. Junto a eles um padre de batina preta, faixa roxa ou lilás, que veio em minha direção.

– Salve, enviado de Deus. Sou padre Adolf, estarei com você nessa missão, pois haverá resistência por ser você homem de cor. Ainda existem espíritos, assim como existem na Terra, com muita discriminação. Porém, desde há muito tempo venho mostrando a meus irmãos que Deus é soberano e nenhuma criatura é melhor que a outra. Sei que a tarefa levará muitos anos; porém, eu ajudei a segregar, agora devo por vontade própria ajudar a unir. Por isso, antes de continuarmos, queria receber meu pedido de perdão.

O padre se ajoelhava e abaixava a cabeça e pedia minha mão. Dei a ele, que a beijou em atitude de humildade.

Aquilo estava estranho demais. Imagina se vissem um padre ajoelhado beijando a mão de um negro. Iriam matar o negro na hora, achando que havia feitiço ou violência. Porém, ali estava o padre pedindo perdão a mim.

Se eu pensasse muito em que o perdão dele significava, seria tomado por todas as maldades que os agentes da Igreja dele fizeram com meu povo. Entretanto, não era a Igreja que ali estava, e sim um homem, um filho de Olorum, que me dizia com verdade que lutava para sermos todos irmãos, e era o que mãe Oxum determinara.

Me abaixei para ficar na altura dele e lhe disse:

– Seu padre, eu não tenho como lhe perdoar, pois não o conheço, não sei o que fez ou deixou de fazer. Se fez mal a mim ou aos meus antepassados, espero que Xangô lhe faça a justiça, mas de mim não há nada que possa lhe dar que não seja a promessa que também lutarei para não mais haver briga ou exploração.

O padre se abaixou ainda mais e disse:

– Mais uma vez, perdão, fui muito injusto convosco ao pedir perdão. Devo obtê-lo pelo trabalho reparador, e não por palavras. Sua sabedoria me ajuda a corrigir meus caminhos. Obrigado.

Aquela conversa mole estava me deixando incomodado, por isso mudei o rumo:

– Tá bom, seu padre, mas então vamos trabalhar. O senhor veio aqui me ajudar, portanto vamos cumprir a missão dada para nós.

Peguei no ombro do padre e o puxei para cima, cumprimentei os negros que nos protegiam e caminhamos na praça. Olhando para os lados, percebia que estávamos, de novo, em Salvador.

As ruas, as esquinas, as casas, o andar das pessoas, suas falas; sabia que era Salvador. Não deixei a saudade nem a curiosidade me pegarem para não fugir de minha jornada, mas bem que me deu uma vontade danada de ir ao Ilê e ver minha mãe de santo e os irmãos de Axé, Mestre Gafanhoto e todos da roda.

Porém, cumprindo com minha promessa, apressamos os passos e fomos parar em uma casa pequena e bem-arrumada na Cidade Baixa, onde viviam duas famílias de soldados mortos por mim naquele fatídico dia.

Umas das senhoras, que estava no portão com olhar bem ao longe, era Maria Priscila, moça que havia esposado o soldado Bruno há pouco tempo, sete meses, segundo o padre. Estava desolada, pois, grávida de três meses, com a morte de seu marido abortou, arrancou o bebê, com medo de que nunca mais se cassasse, e agora, após alguns anos, estava ali sozinha e abandonada.

Perto dela havia dois espíritos, um era bem sombrio e cheio de teias e uma densa paisagem. O outro era um idiota, não fazia nada, apenas olhava em volta sem nada entender.

O padre para e me interrompe:

– Esse que você chama de idiota é a alma que iria reencarnar no ventre de Maria. Porém, ao interromper sua gravidez, a alma ficou presa, e estava em processo de morte espiritual para o nascimento novo, e com isso a interrupção causou forte idiotia, não conseguindo a alma sair desse estado catatônico. Assim, as energias em torno de sua mãe ficam paradas, como você mesmo pode notar. Já a outra criatura é o antigo marido, aquele que você estrebuchou com a espada do sargento. Ele nunca perdoou o ocorrido e se lamenta por perder o amor da vida. Quando soube que ela estava grávida, ficou feliz e queria pelo menos saber que sua vida continuaria na do menino seu filho. Ao ver o aborto e a intenção egoísta de Maria, prometeu vingança, creio que o mal dela é pior que o seu, Beato, e atormenta Maria todos os dias e não deixa nenhum homem se aproximar.

O cenário era muito triste, e de uma só vez vi que pelo menos três almas tinham sido atingidas profundamente por meus atos. Eu, na verdade, havia produzido aquilo a que assistia. Meu coração ficou muito pequeno e tive que me esforçar para não chorar ali mesmo na frente de todos.

O padre continuou:

– Tentei muito ajudá-los, mas nada que eu faça resolve. Agora, atendendo minhas preces, Jesus enviou você. Ele me disse que aquele que causou poderá resolver. Agradeço muito sua coragem de aqui estar, e rezei muito para Deus abençoá-lo sempre. O que vamos fazer?

O padre olhava para mim em busca de resposta e eu nem fazia ideia do que eu poderia fazer, muito menos de como ajudar.

Pensei rapidamente e expliquei:

– Padre, eu sou apenas um soldado, tal qual o que eu matei em guerra. Estou aqui para cumprir ordens, quem as ditará será Olorum e os Orixás. Vamos pedir ao Todo-Poderoso instruções.

O padre imediatamente se ajoelha e começa a rezar de sua forma, em uma língua estranha, me disseram ser o Latim, e eu, do lado, começo a rezar em yorubá. Os dois rezaram acompanhados dos guardiões. Após algum tempo, o padre parou, me olhou e disse:

– Posso lhe pedir um favor? Vamos rezar juntos, o senhor começa, e eu continuo, e depois o senhor termina. Fazemos em português, se possível, para que eu possa acompanhar sua fala. Vamos?

O padre queria fazer uma união e para isso usaríamos a língua comum, que seria o português, e assim fizemos. Confesso que foi uma coisa linda de se ver. Juntos produzimos uma linda oração em favor daqueles espíritos.

Terminada a oração, um Exu se apresentou e cumprimentou primeiro os dois que nos faziam guarda e depois falou a nós:

– Olhe para o soldado que você matou e o chame, ele irá atrás de você, querendo vingança. Enquanto isso, o padre ajuda a alma do bebê e depois vamos ver como ajudar Maria.

Olho para o padre, que mostra que sim, e logo dou uma voadora no portão e de lá chamo a atenção do pobre soldado. Ao me ver, corre para me pegar. Corro bastante para afastá-lo e, quando estamos longe, paro e tento conversar com o rapaz:

– Calma lá. Todos estamos mortos. Eu matei você, e você matou minha mãe e eu, e muitos outros.

O rapaz, enfeitiçado de ódio, mal conseguia falar:

– Eu nunca matei ninguém, nunca bati em ninguém; cumpri apenas ordens. Quem matou você foi a princesa, o rei, sei lá. Mas você desgraçou minha família, meu filho morreu por causa de minha esposa ser burra e egoísta, e isso por sua causa. Vou matar você.

Não estava com medo. Aliás, estava achando meio engraçado. Como ele iria me matar se eu estava morto? E, olhando para aquele pequeno soldado, achava graça porque nunca ele conseguiria me bater.

O soldado tira de seu bolso da camisa uma espécie de apito e sopra com força aquele pequenino pedaço de bambu, que faz um barulho ensurdecedor. Logo, mais de cinquenta homens estavam ali com o soldado. Olho para eles e vejo que muitos eram os que matei na trilha do pelourinho, naquele dia tenebroso.

Olhei para aquele exército enfurecido e tentei achar argumentos, mas comecei a temer.

– Vamos conversar e achar uma solução para todos nós, aqui ninguém ganhará nada com violência.

A multidão se aproximava e ia tirando das cintas pedaços de pau e cassetetes. Alguns tinham até espada.

Não daria conta daquela montoeira de soldados. Gritei a Ogum e a Exu dizendo que precisava de ajuda. Exu apareceu lá no alto e disse:

– Quando fez o serviço, não me chamou nem me ouviu, e agora quer que eu te ajude? Não acha isso muito fácil, não?

A brincadeira de Exu era carregada de duras realidades, e eu precisava aprender de uma vez por todas a parar de querer resolver tudo na força. Me ajoelhei e disse:

– Se me batendo vocês acreditarão estar melhores, me submeto, e continuarei a rezar por vocês.

Todos avançavam e me batiam com força e fúria, as dores em minha alma eram muitas e várias vezes desmaiei. Uma vez desacordado, Exu falou:

– Tenha a clara dimensão e peça o que eles querem.

O que aqueles monstros queriam?

Após três desmaios, achei que tinha descoberto.

– Me perdoem. Achei que estava apenas defendendo a vida de minha mãe, perdão, pois não sabia que causaria mal a vocês. Pensei apenas em minha mainha. Assim como vocês, eu só olhava para mim, e não para o outro. Tal qual fazem agora. Creem estarmos aqui para sofrer e erramos todos, o segredo é que devemos aprender a juntos trabalhar. Se fizéssemos isso na Terra, não haveria guerras nem a escravidão, juntos estaríamos muito mais felizes. Todos vocês foram humildes, trabalhavam, mas não tinham luxo ou conforto; todos éramos usados, cada um a sua maneira. Agora estamos juntos aqui do outro lado, Deus diz que não há morte.

Mas o sofrimento nos persegue. Vamos trabalhar todos juntos e ajudar as famílias que ficaram? Comecemos por Maria Priscila, de Bruno, depois vou com vocês a todas as casas, uma a uma. Vamos ajudar nossos queridos filhos, mães e esposas.

Dizia com verdade e com choro. Pedi perdão de verdade, pois vi o que eu mesmo causei.

Alguns paravam de bater e outros diminuíam as forças. Um deles pediu para pararem e disse:

– E por que precisaríamos de ajuda de um preto do inferno?

– Você não precisa de ajuda – disse a eles. – Porém, Deus pediu a um padre que eu ajudasse a reparar o mal que eu fiz. O padre está agora na casa de Bruno ajudando a esposa dele. Vamos lá e vocês mesmo perguntam a ele.

Carregado meio amordaçado e amarrado, fomos quase todos para a residência do soldado Bruno. Lá chegando, a alma do bebê rejeitado estava sendo amparada por luzes violetas belíssimas. Vi que trabalhadoras de Nanã amparavam a alma e logo saudei a mais velha:

– Salubá, Nanã. Nanã, salubá.

Ao saudá-las, as trabalhadoras pararam e vieram em minha direção, me descarregaram, deram reverência e me presentearam com um Ibiri. Todos olhavam para mim com ar diferente, e assistimos à elevação da alma que estava presa, o filho abortado. Depois vimos a aliviada respiração de Maria.

Bruno tinha em seu coração um misto de sentimentos. Me aproximei dele e, inspirado pelas forças dos Orixás, disse:

– Todos já pagamos demais por nossos erros. Vamos deixar o ódio de lado e vamos voltar a amar. Olhe para Maria, veja como está perturbada e sozinha. Você, mesmo em sua dor, com um assobio cinquenta companheiros vão ajudá-la, a coitada nem rezar mais consegue. Abrace-a, Bruno, dê a ela a chance de ser feliz e a você também.

De minha boca não saíam apenas palavras, mas flores; margaridas e cravos brancos que atingiam o peito do soldado. Aos prantos abraçou sua antiga esposa, desejando a ela um caminho de felicidade, e pediu em seguida ajuda ao padre, que disse:

– Venha, meu filho, te levarei agora à casa do Senhor. E a todos vocês meu convite, vamos acompanhar esse negro enviado de Deus. Ele ajudará todos, pois seu coração se arrependeu e ele hoje se subordina a Deus, e Deus escuta aqueles que a Ele se dirigem e se submetem. Obrigado, Beato, por trazer paz a esta família.

Todos me olhavam com estranheza e certo pesar, uma vez que me deram uma surra memorável. Eu, olhando o padre, disse:

– Não, padre, o senhor erra. Eu, sim, estou arrependido e, sim, me submeto a Deus, mas Ele é tão perfeito que me concede a chance de despertar aqueles que ofendi, e quem ajudou Maria foi o próprio Bruno, eu apenas mostrei a ele que o amor dele era mais forte que o ódio, o resto Deus fez. Quero muito somar a vocês para juntos trabalharmos por suas famílias.

Mais uma vez de minha boca e meu peito saíam flores, desta vez todas lilás, que enchiam o ambiente de perfume leve e inebriante paz.

Fomos a todas as famílias daqueles quase quarenta soldados. Uns desistiram e não nos acompanharam, por isso quarenta e não cinquenta.

Creio que se passaram uns dois anos ou pouco mais que isso, período em que visitei e trabalhei com as famílias dos soldados atingidos por mim no fatídico dia da morte de minha mãezinha e de meu corpo.

O processo era recheado de idas e vindas. Muitos foram os aprendizados, muitas foram as oportunidades de conhecer e conversar com o padre e entender uma visão mais pura daquela Igreja que até então era para mim a mão de uma violência dos brancos.

Percebi, como tudo na vida dos encarnados, que os humanos se apoderam de espaços para manter sua forma de pensar e viver, não desejando de verdade suas transformações, e sim a manutenção de suas formas de pensar e de dominar.

Dominando espaços de fé, impediam que houvesse crises de consciência e legitimavam suas ações como abençoadas por Deus. Eu acreditava ser isso uma exclusividade dos brancos, porém Exu em duas oportunidades me fez ter uma viagem no tempo e no espaço que me reportava a aldeias e cidades da África de meus antepassados. Nessas jornadas vi que Babalorixás eram manipulados ou manipulavam para justificar agressões, invasões e escravidões.

Portanto, apesar da intensidade ser muito diversa, havia também, no seio de minha fé, corrupção de valores. Assim, mais uma vez Exu me mostrava que todos os seres eram passíveis de erros e vícios, que a alma era eterna e que Olorum, Deus, dava a cada um a oportunidade de reparação e de aprendizado.

Olhando com os olhos mais atenuados pelas lições, aprendi muito sobre a carta de amor que regia a figura central, ou melhor, as figuras centrais daquela Igreja de brancos. Uma era o que chamavam de Deus Filho, Jesus, e a outra era a sua mãe carnal Maria.

16. Aprendendo com os brancos, ainda

Me detive, com apreço especial, em Maria. Afinal, era como minha mãezinha, salvaguardadas as proporções das almas envolvidas, pois de tudo aceitaria se autoimpor para que o filho tivesse liberdade e sucesso espiritual e com isso ajudasse outros a encontrarem a luz. Mainha fez de tudo para que eu conseguisse liberdade, mas eu não entendi. Já Maria fez de tudo para que Jesus cumprisse sua missão e libertasse seus irmãos, mesmo que para isso tivesse que ver o filho morto.

Muito questionei ao padre e a outros sobre as duas figuras, e por sua vez o padre e muitos soldados queriam, agora sem os preconceitos anteriores, conhecer a formatação e o rito de minha fé. O que com muita alegria mostrei, conversei, e até visitamos dois Ilês para mostrar a beleza e o amor que saíam de seus ritos.

Uma troca muito positiva e cheia de respeito e admiração mútua. Enfim ali via que o preconceito e o racismo são combatidos com amor, e não com mais preconceito e discriminação.

Terminada essa fase, Exu se aproximou de mim e, me pegando fortemente pelos braços, me levou para uma caminhada, dizendo ser um convite. Eu retruquei:

– Convite assim com essa pega é irrecusável, não é, meu Pai?

Exu apenas gargalhava e apertava ainda mais meu braço, como se eu fosse fugir ou não aceitar.

O danado estava certo. Ao ver aonde me levava, eu queria correr feito calango em dia de caça. Exu me guiava para a fazenda de meu nascimento. Imaginei que iria ver o tal coronel sádico que me machucou e machucou meu povo.

Ver os algozes de minha infância, os homens que mataram minha mãe de santo, estava por demais me tirando a paz de espírito alcançada até ali com muito suor e força.

Disse a Exu:

– Maleime, meu Pai, não faça isso comigo, não. Será por demais essa provação em minha existência. Creio que tudo que me ensinaste até agora irá ruir como uma armação de areia no sol.

Exu aumentava suas gargalhadas, a impressão era que ele se divertia às minhas custas. Sem ter como escapar do garrote feito em meu braço, e eu nem era louco de tentar uma manobra mais agressiva com Exu, me cabia rezar e seguir o caminho de volta ao martírio personificado.

Rezei tanto que nem vi a estrada, a porteira, nem nada. Cantei e rezei até esquecer que era eu alguém.

Chegando na fazenda, Exu se volta para mim:

– Muito bem, quando não damos conta, entregamos aos Orixás, Olorum sempre dá conta de tudo. Algumas situações são e serão inevitáveis; se acredita apenas em suas forças, irá errar sempre e rapidamente. Porém, se você se entende incapaz, rezará e perceberá que quem atuará são os Orixás e seus mensageiros. Você passou por tudo e está melhor do que quando soube aonde estávamos vindo, não é?

Era a mais clara verdade, estava eu mais confiante e entregue aos Orixás. Não saberia lidar com a situação, mas, ao entregar a Olorum e aos Orixás, Deus me deu sua mão e me senti protegido e assistido.

Agradeci muito, porém disse:

– Meu Pai, estou com medo, pois um lado de minha alma quer destruir tudo aqui, aplicar um corretivo a cada um desses que maltrataram minha gente; de outro, penso em como ser útil e servo do Pai Olorum, em como Ogum me quer aqui, e o senhor estando no comando eu me subordino e cumpro suas ordens. Entretanto, por favor, me dê ordens, pois não quero decidir nada aqui.

Exu só ria, e ali tinha certeza de que eu era um divertimento para o mensageiro dos Orixás.

– Estarei aqui, sim, porém as ordens serão dos Orixás, e nós as cumpriremos. Aliás, você cumprirá; eu só fiscalizarei e traduzirei as ordens, além de me divertir muito, como você fica pensando que faz. Vamos, me divirta.

Risos de ambas as partes, e meu riso quase vira um pranto quando vejo um projeto de Coronel. Um dos filhos, já moço, andava como o pai, vestia as mesmas calças bege, enfiadas dentro das botas marrons, com paletó de linho cru, porém bem trançado, e uma vara, tipo chicote de rabo de tatu, na mão. Andava com o barrigão para frente, exalando ordens o tempo todo.

Observava que havia vários negros ainda ali, e os feitores eram diferentes e não me lembrava de quase nenhum.

Exu me socorria em explicação:

– Muitos dos capatazes foram demitidos porque ficaram velhos, não eram tão ágeis e fortes como antes. Assim, sem piedade o Coronel mandava-os embora e, já mais idosos, não conseguiam trabalho. Uns se mataram, outros ficaram doentes e morreram. Um só sobrevive hoje, o que você conheceu como um menino ajudante está hoje com sessenta anos, muito adoentado e só.

Exu continuou:

– Esses são já os terceiros ou quartos na leva de funcionários. O Coronel morreu há quase dez anos. O filho dele é o novo coronel e, como vê, mantém em quase tudo a tradição, e os negros que você vê trabalhando são diferentes, mas não estão fazendo tudo igual?

Observando as cenas, e tentando não me enraivecer diante da crueldade dos coronéis, respondi que sim, parecia a mesma coisa de antes, a terrível exploração dos negros.

Exu riu e me disse:

– Primeiro quero anotar que você, ao saber que os capatazes foram abandonados e se mataram, ficou com pena deles, teve piedade, e não pensou que mereciam morrer. Você pensou que o Coronel foi desumano em fazer isso com seus fiéis trabalhadores. Portanto, registre-se que teve amor pelos mesmos que mataram sua querida Iá e que bateram em você e sua mãe.

A notícia era uma bomba em minha alma. Era verdade, eu tive amor por aqueles cabras tão miseráveis e, após a revelação crua do Exu, me senti mal. Ele me socorreu:

– Não se sinta mal, nem traidor. Devemos aprender a amar a todos, em especial aqueles que nos fizeram mal, esse é o caminho para Orixá.

Seguia em dizeres:

– Pois saiba que todos os negros que você vê são livres, não há mais escravidão.

Eu já havia ouvido falar, escutando em diversos momentos sobre a abolição, porém assistia à mesma cena: chicotes, gritos e zombarias, até castigos físicos estavam presentes.

– Meu pai, mas é tudo igual, o sofrimento é igual.

Exu respondia:

– Não, não é. É pior, porque antes a esperança era a de serem livres; a liberdade veio e com ela a situação perdura, pois os homens e mulheres são os mesmos, agora sequer esperança alguns têm.

Antes que fervesse em tristeza e raiva, Exu me socorria:

– Porém, esse é o caminho, pois agora os negros deverão aprender a trilhar um caminho diferente, e estarão entre dois caminhos muito difíceis. Um será de embranquecerem suas almas e sua cultura, pois vão querer ficar como os brancos, vestir como os brancos, falar como os brancos, para serem aceitos. Os brancos irão querer a mesma coisa, pois, já que não são animais, deverão se portar como eles, se vestir como eles, adorar o Deus que eles decidirem. De outro lado, terão a liberdade de construir sua forma de viver, manter laços com sua ancestralidade e buscar conhecer a si como negros, descobrir essa terra como uma nova África e lutar com os pesares que isso trará.

Exu mantinha-se professoral:

– A liberdade tirou de alguns a crença no Orun, pois não terão que se libertar apenas na morte, e sim ainda em vida, e muitos desistirão desse caminho e adotarão o caminho das massas brancas.

A notícia me causava uma estranha mistura de sentimentos, que eu não conseguia traduzir, e ainda não sabia o que poderia fazer eu ali, além de ter tantas informações ruins como aquelas.

Exu continuava:

– Acontece que verdadeiras heroínas e heróis irão enfrentar muitas pedras para que nosso culto e nossa cultura não morram, pois a liberdade veio atravessada e falsa: a capoeira é crime, quem pratica apanha e é preso; os ritos de nação são feitiçarias e seus praticantes são presos sem julgamento, torturados e mortos. Portanto, será uma luta muito grande, e quero que você me ajude, ajude os Orixás a manterem a vela da esperança acesa, pois chegará o dia em que poderemos na rua andar com o pano da costa sem sermos criminosos, mas ainda sim seremos perseguidos. Devemos aprender a ter paciência e resistência, pois conseguiremos manter nossa fé e nosso caminho.

As palavras iluminadas do mensageiro dos Orixás me banhavam:

– E eles querem embranquecer os negros, devemos nós mostrar que somos iguais, e alguns brancos irão deitar e bater cabeça, serão Babalorixás e Ialorixás, portanto será um movimento de uma nova raça, a brasileira, e você ajudará nisso e assistirá a essa miscigenação.

A informação era uma piada. Branco vestindo pano da costa seria demais de engraçado, ver uma sinhazinha enrolando seu Ojá na cabeça após ser raspada seria uma diversão e uma visão impossível para mim. Comecei a rir.

Exu me disse:

– Viu? Você está na fazenda do Coronel vendo seu povo se matar e consegue rir. É possível ser feliz, alegre, e enfrentar o mal sem raiva e com bom humor.

A brincadeira era a mais pura verdade, aquela conversa naquele lugar sombrio me mostrava uma maneira diversa de ver a vida e os acontecimentos.

Disse a Exu:

– Sou seu servo, meu Pai, servo dos Orixás. Sigo o que me mandar e rezo para que os Orixás ajudem minha mãe, e peço ao senhor que olhe e zele por ela, por favor.

Exu me olhava com ar de felicidade e falava:

– Que bom, está mostrando subordinação, obediência e colocando sua preocupação no lugar certo, na oração, transformando sua preocupação em reza.

Era isso mesmo, não adiantava atropelar o natural nem a vontade dos Orixás. Fazendo isso, só me machuquei e prejudiquei os outros; deveria aprender a seguir os Orixás e suas ordens, por mais difícil que fosse.

17. Na fazenda do começo

Olhando de novo para mim, Exu apontava o dedo para a casa grande e ordenava que eu olhasse atentamente para o quarto do Coronel. Fecho meus olhos e vejo o Coronel pai mandando em todos ali. Ninguém o escutava, parecia um louco, um perdido. Ri da situação.

Porém, Exu explica:

– Pois bem, sua missão é dupla. Uma é ajudar duas pessoas, Maricota e Clemêncio, dois negros que são destinados para bolar no santo e descobrir seus Orixás, e o Coronel é a segunda missão. Deverá ajudá-lo a encontrar paz, e o fará primeiro, pois só poderá ajudar os negros e os Orixás se ajudar o Coronel.

A notícia era pior que chá amargo para curar dor de barriga, ardia mais que pimenta e queimava mais que dendê no fogo.

Resisti por alguns minutos e me vi sozinho, Exu tinha sumido de minha frente. Era um teste e uma provação. Que difícil situação.

Me aproximei do Coronel para ver como fazer, e ele sequer me via, tampouco sentia minha presença ou sabia de minha permanência ali.

Eu o observei por algum tempo e decidi rezar para os padres, aos que ele se dizia temente, e logo apareceram dois. Um deles reconheci que era de meu tempo de menino, estava mais velho, mas sabia que era ele. Porém, logo que o vi, percebi que ele só queria uma coisa, as coxas das negras. Era um homem que se deitava com todas usando a batina. Como ele viera parar ali eu não entendia.

O outro buscava dinheiro, desesperadamente dinheiro. Ambos não me enxergavam, fiquei muito constrangido. Nisso, uma mão conhecida me toca os ombros e diz:

– Como lhe falei, todos são passíveis de erros. Eu mesmo tive vários, mas, após algumas décadas de trabalho, Jesus me concedeu a oportunidade de servir como o faço e você bem conhece. Ao chamar os padres, o fez de forma generalizada, e assim sua visão assistiu ao que antes estava acontecendo, mas era invisível a seus olhos.

Era o padre que junto a mim trabalhara no resgate dos soldados da cidade, padre Adolf.

Eu o abracei e pedi:

– O senhor, que é branco, pode ajudar o Coronel, ele não irá escutar alguém como eu. Ele me provocará e eu não sei se aguentarei não dar a ele uma lição a meu ver muito merecida.

O padre me olha e diz:

– Terei o prazer cristão de auxiliá-lo, porém já tentamos por diversas vezes e não conseguimos. Uma das filhas do Coronel morta muito moça é uma alma gentil e iluminada que vem pedindo intervenção para socorrer o pai dela. Após diversas tentativas, nada conseguimos. Então você foi convocado e deve agora saber o que fazer, afinal você é o enviado aqui, sou apenas um auxiliar.

A informação me deixava sem saber o que fazer, tinha pedido para apenas cumprir ordens, e ali estava eu sem saber o que e como fazer. Sentei e logo rezei e cantei. Cantei a Oxum que me mostrasse como ajudar aquela alma e fazer a vontade dos Orixás.

Pedia a ela o amor maternal puro e o domínio de meus anseios e instintos. Da fé aparece uma sinhazinha vestida como gente de sua casa grande, branca, com tranças, bem ao estilo das filhas do Coronel.

– Olá, Beato, sou a filha do Coronel. Obrigada por ouvir minhas preces, e vejo sua alma bondosa e determinada, que Deus possa sempre conservá-lo em fé. Meu pai está obcecado, e nada do que fizemos surtiu efeito. Vindo para cá, um homem negro de cabeça bem estranha me disse para lhe dizer o seguinte: você deverá assustar o Coronel, dizer que do lá de cá os brancos são escravos e os negros senhores, mostrar para ele uns chicotes e o mandar fazer serviços. Ele se recusará e você deve aplicar nele corretivos dolorosos, até aprisioná-lo; porém, deverá fazer tudo com amor, em nenhum momento você poderá ter raiva nem prazer ou felicidade ao vê-lo pagar, tampouco satisfação em se sentir senhor e ele escravo. Se não fizer assim causará muitos prejuízos a você e não terminará a missão, que é manter vivos os Orixás nesse pedaço de terra. Repeti a você palavra por palavra e sei que a pessoa que mandou é enviada de Deus, portanto não questiono a ordem. Compreendo que deve ser feito e sei que isso será um desafio a você, castigar meu pai e não se perder nesse sentimento de vingança. Desculpe-o, e desculpe a mim, que talvez não tenha feito nada para auxiliar vocês. Perdoe-me.

A sinhazinha me falava como Exu falaria, e o pedido de perdão saía de dentro de seu coração, pois ela se compadecia do sofrimento alheio. Senti nela o amor de uma Oxum.

– Sim, Beato, conheci Oxum, e é o amor mais puro que pude encontrar, é Deus amando em natureza. Obrigada por me ver como uma das filhas dela.

Do nada a pele dela se enegrecia, seus cabelos ficavam muito mais longos, negros e enrolados, sua roupa era trocada pela nudez e em Oxum ela se transformava.

– Fui negra muitas vezes, Oxum me pediu para vir como filha para plantar o amor e iniciar uma fase de transição entre os povos que logo se tornarão um só povo. Ora Yeyê Ô.

A cena me comovia, e batia minha cabeça para aquela Oxum negra e branca. Porém, meu medo era grande: como fazer a tarefa de olhar e ajudar o Coronel daquele jeito?

Antes de saber exatamente como fazer, porém sabedor de que havia ali um teste e muitas armadilhas, sentei-me aos pés das bananeiras de outrora. Lugar em que minha doce e querida mainha me ensinou o caminho da liberdade. Local que me proporcionou minhas memórias mais ternas e abençoadas que repousam em minha alma e ao mesmo tempo a lembrança mais dolorosa, pois foi a última vez que estive no colo de minha genitora.

Em um primeiro momento, ficou impossível conter minhas lágrimas. Pedia a Exu que me protegesse e me amparasse, que Oxum me consolasse, pois seria impossível não derramar meu pranto em hora tão simbólica e amargurante.

Em meio a minhas lágrimas e meu tormento, aparece um senhor de cabelos grisalhos, meio negro – eu não conseguia identificar sua cor. Ele se aproxima e diz:

– Então é você o Beato, o menino que nasceu escondido, que nasceu na morte da velha da fazenda?

A forma debochada e desrespeitosa com que aquele ser se dirigia a mim me incomodava. Como estava frágil, não tinha conseguido analisar sua força astral, nem se era um espírito de confiança ou um kiumba.

Olhei bem para ele com o rosto ainda baixo, mas levantando a sobrancelha, e percebi que não era um homem, e sim vários. Deveriam existir ali uns vinte ou mais.

O homem continuava:

– Não precisa ficar com medo, viu? Não vou fazer o que fiz com sua mãe, afinal não gosto de homens.

E todos riam da brincadeira, que para mim era uma facada e um comentário sem perdão.

Minha raiva crescia e substituía minha dor de um jeito muito perigoso. Tentava me controlar, porém o senhor continuou:

– Fiquei sabendo que sua mãe está muito mal, enterrada além da terra do cemitério, tudo porque certo alguém quis dar uma de machão e despachou um monte de branquinho pros lados de cá. E mais, se você está nervosinho é porque não sabe da história que tenho para te contar, pois, além de tudo, sua mãe não é só fraca, é mentirosa...

Antes de terminar aquela frase cheia de imundices, me levantei de um pulo, sem me apoiar no chão, olhei bem para os olhos daquele que já era um adversário e mostrei que a conversa não iria acabar bem, mas ele insistia:

– Bem me disseram que você iria querer me bater; cheio de nervos o garotinho da mamãe. Pois saiba que você também é meu filho. Respeite seu pai, seu miserável.

Que história era aquela? Que conversa mole e sem propósito. Me enfureci de vez e, antes que continuasse a me falar, dei um pulo e com minhas mãos agarrei o mentiroso. Os demais correram para me pegar, quando uma gargalhada estourou no ar. Era Exu se aproximando.

– Vamos acalmar os ânimos, e eu vou acabar com a festa e com a pilantragem. Os meninos de recado desse sujeito não fujam, pois são meus de agora em diante.

Os homens tentavam fugir, mas algo os impedia e lentamente se aglomeravam como se fossem laçados e o laço apertasse cada vez mais. Exu continuava:

– Cada passo ou tentativa, apertarei mais vocês. Quanto mais quietos, menos apertos; porém, ele só aperta, e não desaperta. Portanto, não se mexam muito, pois ficarão por muitos dias com dor e desconforto.

Os homens tentavam escapar, mas, com a força aumentando, se sentaram e pararam, pois quase não conseguiam mais nem virar o pescoço.

Exu, rindo em gargalhadas, olhou para aquele senhor que estava embaixo de mim e disse:

– Quanto a você, que bom resolver aparecer, assim vamos acabar com duas histórias mais rápido que uma.

Exu me mandava sair de cima. Mesmo não querendo, lhe obedeci e me sentei, enquanto Ele pegava aquele espírito e dizia:

– Você veio aqui para contar uma história verdadeira, porém veio cheio de intenções que me desagradam. Por isso você cruzou a linha que me dá o direito de fazer o que bem entender. Você aprenderá que kiumbas agem só quando Deus permite, pois acabam sendo úteis, e, quando deixam de sê-lo, somos nós Exus que temos a tarefa de varrer a sujeira e reformar, reparar a coisa estragada que são vocês. Suas intenções de manter o ódio e se beneficiar acabam hoje.

O homem que me abordara antes estava com um rosto de muito assustado. Temia e tremia. Exu gargalhava e, a cada tentativa de fuga, diminuía os pés e as pernas daquele espírito, deixando a aparência dele engraçada e horrível.

Olhando para mim, Exu disse:

– E você, aprenda a amar, aprenda a seguir os Orixás. Vem um sujeitinho aqui do nada, fala um monte de coisas e consegue tudo que quer. Você não se controla, é servo e escravo de vários senhores. Quem mandou em você hoje e agora foi um kiumba, não percebe isso?

Iria debater aquela acusação, que me enfurecia; porém, analisando a frase, Exu tinha, como sempre, razão. Afinal, estava eu em momento íntimo com minhas recordações e aí do nada um sujeito aparece, diz um monte de mentiras, ataca minha mãe e eu caio e sigo a provocação; portanto, ele se tornara meu senhor.

– Obrigado, meu Pai, o senhor me dá uma lição. Obrigado. Procurarei elevar minhas possibilidades.

Exu, dando gargalhadas, me mandava permanecer sentado.

– Porém, não são mentiras o que ele lhe contou. Ele é de fato seu pai, ou melhor, o homem que ajudou com sua genética, com seu sangue.

O susto agora estava completo, aquele cabra cheio de mentiras e ensaboado era meu pai?

– Sim, ele foi quem ajudou na geração. Sua mãe estava trabalhando na casa grande quando um dos homens que trabalhavam para o Coronel veio se engraçar com ela. Esse engraçamento foi evitado várias vezes, por vários meses e anos. Um dia, cansado de levar não de sua mãe, esse filho do tinhoso a segurou e, com a ajuda de outros dois coleguinhas, violentou sua mãe, e da violência sua mãe estava grávida, e você era o fruto do dia.

Não consigo aqui traduzir meus sentimentos. Tive de nojo a raiva, tive de dó a vontade de matar. Minha crença de que meu pai tinha sido sequestrado e eu havia sido fruto do amor tinha sido destruída e enterrada. No lugar nascia eu, filho do ódio, da covardia, da falta de vergonha. Eu era filho de uma atrocidade.

Meus pensamentos estavam cheios de ódio de mim, de minha mãe, por não me contar, e daquele traste e vagabundo ali.

Exu interveio:

– Olhe bem para você e se veja como um kiumba agora, pois é o que você será. Continue a alimentar essas porcarias e logo será como ele. Você quer ser como ele?

Exu apontava para o estuprador.

– Não, meu Pai, jamais – disse a Exu entredentes, pois não dominava a raiva.

Exu olhou a situação, me deu um cajado e gritou para mim:

– Esse meu cajado pode aplicar dores horríveis e até desmentalizar esse indivíduo. Faça o que quiser com ele, porém decida se isso é importante, pois estará em jogo você, sua mãe e seu futuro.

Peguei o cajado e estava quase cego. Queria trucidar aquele mau elemento, entretanto as frases de Exu me chamavam para a realidade. Me sentei sob a bananeira. Já começava a cair a noite e uma estrela cadente corria em fogo o céu, me fazendo lembrar da doce noite com minha mãe.

Peguei o cajado, me ajoelhei na frente de Exu e disse:

– O que o senhor me pede é muito difícil, quase impossível, mas não vou fazer nada com isto, sou muito eu e pouco Orixá. Só um Orixá, um mensageiro, poderá usar uma arma destas. O senhor ou um Orixá apenas fará uso para cumprir a vontade de Olorum, e não a sua própria vontade.

Exu tomou o cajado em sinal de felicidade e, olhando bem nos meus olhos, sentenciou:

– Que bom, decidiu não ser kiumba, fico feliz. Quer perguntar algo para esse ser?

Respondi que não.

– Pois então continue a sua meditação e se arrume, que deverá logo ir cumprir o determinado para você.

O homem que dizia ser meu pai ria, e com um safanão Exu tirou o riso do rosto dele. Então Exu, olhando para ele, afirmou sem tremer a voz:

– Não dê risadas nem pense bobagens. Ele não pode usar isto, e por isso ele é forte, muito mais forte que você. Porém, como eu lhe disse, eu posso usar e tenho a devida autorização dos Orixás. Vamos ver como um sorriso acaba em rosto de gente maldosa.

Após alguns choques e gritos, os homens eram levados por outros Exus.

Tentando me recuperar da amarga notícia, olhando para as estrelas e me lembrando de minha mãe, me ocorreu que mesmo tendo sido violentada, machucada, humilhada, me gerou, me poupou de uma verdade indigesta, me deu amor e carinho, me ensinou a viver e a louvar os Orixás. Me ensinou a amar e ser amado. Minha mãe é uma heroína e eu sou o filho rejeitado transformado em amado.

Meus olhos marejavam e no céu aparecia a figura de minha mãe moça, quando ali estávamos deitados. Ela me acariciando e, mesmo com a dor da separação, me dando forças. Pois bem, se eu tenho algum valor, ainda que seja de um grão de açúcar, que eu retribua o amor dela. Segure a minha dor, suma com ela, pois Olorum me dá a chance de retribuir. Que minha mãe seja abençoada, e eu vou fazer de tudo para ajudar a ela.

Oxum, mande forças e paz a minha mãezinha, mande seu amor mais verdadeiro e meu pedido de perdão. Cuide dela para mim, minha senhora.

Lágrimas irrigavam o bananal. Todavia, as lágrimas deveriam acabar, tinha eu missão a cumprir. Que Olorum me ajude, que

Exu me acompanhe e Ogum me ampare para não errar nem sair do caminho. Vamos aplicar um corretivo no Coronel e ver se ele desperta.

18. Na fazenda como senhor

Levantei e caminhei para a casa grande. Me acompanhavam o padre missionário e a sinhazinha, filha do Coronel.

Chegando dentro da casa grande, vários espíritos estavam ali. Muitos pareciam sem cabeça, sem miolos; não pensavam, apenas babavam e sugavam a energia que ali era existente.

No quarto estava o Coronel. E lá respirei fundo e me materializei mais, com o auxílio de Exu, ao ponto que o Coronel conseguisse me ver. Recebi o cajado de Exu, que em minha mão se transformou em chicote.

O Coronel, me vendo, arrancou a sua cinta e quis me bater. Estalei o chicote no ar e sem piedade o acertei no rosto, cravando o couro na bochecha e fazendo um corte fundo. Coronel caiu no chão. Meu coração acelerou e logo eu rezei e cantei.

Apliquei uns trinta golpes de chicote no rosto, peito e barriga. E, cantando para os Orixás em yorubá, mantive a minha empáfia como se fosse algo muito comum.

O Coronel chorava sem entender e, com muita dor, tentava se esconder, mas não conseguia. Vendo o medo e desespero dele, lhe falei:

– O Coronel não sabe, não? Quem é escravo vira senhor; quem é senhor vira escravo. Pois então, bem-vindo a minha fazenda, seu escravo imundo.

E mais uns dez golpes, só para deixar claro que eu era o senhorio.

Continuei olhando para um homem deitado, chorando e com as calças borradas de fezes e urina.

– Não se lembra de mim. Sou o Beato, aquele menino que o senhor quis matar. Hoje eu sou o dono das suas terras e o senhor é meu escravo. E estou o corrigindo para o senhor saber quem manda. Ainda não lhe pedi nada, mas, quando eu pedir, faça sem errar, pois aplicarei mais e mais até se cansar e, diferente da carne, aqui eu posso lhe bater sem medo de matar o senhor. Por isso será meu escravo para a eternidade inteira.

Mostrando um sorriso em meu rosto como a testemunhar a ele minha satisfação, por dentro apenas entoava cânticos e pedia aos Orixás que ajudassem aquele homem.

O Coronel, não aceitando, tentava fugir e eu aplicava mais e mais chicotadas e dizia:

– Se você batia nas costas, eu bato no rosto, na barriga, para aprender a não escravizar ninguém.

Com os açoites e tudo, vendo o medo e desespero, a dor, me senti péssimo. Não queria fazer aquilo, nem com raiva, creio eu. Ser senhor era uma maldade sem fim. Sabia que o que fazia era encenação, mas mesmo assim me enojava.

Após alguns outros momentos de dor e chicote, o Coronel se ajoelha e começa a rezar, porém em total soberba:

– Deus, eu sou Coronel. Cumpri meus compromissos com a Igreja, construí capelas e templos, dei dinheiro que não acaba para a Igreja, sustentei padres, e agora me vem isso?

A oração, que era uma cobrança, mostrava que o Coronel ainda não estava pronto, então pedi para o padre aparecer. O senhor de batina se fazia às vistas do Coronel, que, beijando a mão do vigário, agradecia a Deus por ter escutado. Porém, com uma chicotada, eu afastava o padre do Coronel.

O padre, entendendo a comunicação mental, se ajoelhava e dizia:

– Pois não, senhor, seu escravo está aqui. Como posso servi-lo?

Ao ver o padre de joelhos, o desespero foi enorme, não teria mais ninguém a socorrer o Coronel.

O padre olha para o Coronel e fala:

– Tenha fé, o último que aprendeu a rezar com o coração e a se subordinar a Deus escapou. Eu ainda não aprendi isso, pois olho para Deus em cobrança, e não com humildade.

O Coronel se espantava e logo determinava alguma tarefa para o padre sair dali. Mandei chamar a filha do Coronel, e este era um episódio mais sombrio ainda.

O Coronel visualizou a filha e a reconheceu, talvez pela dor e pelo medo, mas não podia se aproximar, pois eu não deixava. E a ela mandei:

– Vá se lavar, que quero você em minha cama hoje, servirá aos meus caprichos esta noite. Vá escrava, vá.

A sinhazinha enchia os olhos de lágrimas, olhava para o Coronel e dizia:

– Papai, me ajude. Reze de verdade, só assim poderemos escapar. Reze.

O Coronel se enfurecia e vinha com força para cima de mim, e isso me obrigava a aplicar golpes e castigos severos. Aquilo me deixava mais enojado, pois a reação do Coronel era exatamente a minha. A fúria e a raiva antes da fé, fazer justiça com as próprias mãos. Me vendo nas reações do Coronel, me senti muito mal.

Amarrei o pobre homem em um canto e disse:

– Já que não aprende pelo bem, aprenderá pelo mal. Você assistirá aos meus deleites com sua filha e assim, quem sabe, aprenderá a me obedecer.

O Coronel gritava de dor e choro. Saí do quarto para me restabelecer e Exu veio em minha direção e me deu uma beberagem que me acalmou.

O próprio Exu disse:

– Ele está pronto. Assista agora, sem ser visto.

Exu se mostrou ao Coronel e eu assisti a tudo.

Vendo mais um negro ali, o Coronel implorava misericórdia, disse que fazia qualquer coisa, mas não deixasse o outro negro maltratar a filha. Em desespero, dizia a Exu:

– Senhor, sei que eu fui mau, eu bati, humilhei, fiz tudo com seu povo. Mas ela não. Me castigue, me faça do que quiser, mas deixe a menina fora disso, ela é inocente.

Exu olhou para o derrotado Coronel e falou com autoridade:

– Sabe quem sou eu?

Fazendo sinal negativo, o Coronel apenas implorava.

– Eu sou Exu, aquele que vocês tentavam afastar e maltratar nos altares. Sou eu o mensageiro de Olorum, o mensageiro de Deus. Deus só escuta as preces se eu as levo. Quer que eu leve algo a Deus?

O Coronel chorava e, ajoelhado em posição de oração, dizia:

– Mil perdões, sou um ignorante, não sabia que Deus usava pretos para meninos de recado...

Exu ria e, antes de deixar o Coronel terminar, disse:

– Não sou menino de recado. Sou o mensageiro, Deus só confia em Exu para levar e trazer a vontade Dele. Somente confia em nós. Entendeu? Deus não é branco. Entende como você ofendeu Deus?

A informação era uma catástrofe. Eu via os miolos do Coronel fervendo, pois ele temia que a conversa fosse verdadeira e por isso estaria sendo entregue à danação eterna.

– Seu Exu, entendi. Eu errei tanto que ele, Deus, mandou o diabo aqui me torturar. É o diabo, não é?

Exu ria ainda mais e falava:

– O diabo é branco, cria de brancos. Eu não sou branco, sou?

Rindo mais alto, Exu continuou:

– Quer que eu o entregue ao diabo?

A forma como Exu construía a conversa fazia o Coronel ter que escolher entre ficar como negro em tortura, ir para o diabo, que era branco, ou confiar em outro negro que poderia ajudar a encontrar Deus.

O Coronel olha para Exu e diz:

– Me perdoa, quero Deus, mas não para mim. Eu errei, vejo agora que nada é pior que escravizar alguém, usar o filho de alguém, então eu mereço o que for, mas leve minha filha a Deus, por favor, lhe imploro.

Neste momento chega a sinhazinha ao comando de Exu e, abraçando o pai, o consola, o beija e diz:

– Pai, olhe só, Exu está aqui, escutou as minhas preces. Deus nos ajudará agora.

O Coronel, não entendendo, assistia perplexo, porém aliviado por ver sua filha.

Exu falava:

– Pronto, Deus aceitou suas preces. Venha comigo e vamos receber a ajuda celestial.

A sinhazinha, olhando para o Coronel, disse:

– Mas e meu pai não pode vir junto?

Exu, rindo, respondeu:

– Ele não tem fé, não tem amor, não sabe rezar.

A sinhazinha se ajoelha ao lado do Coronel e fala:

– Só vou com ele. Pai, reze, por favor, peça a Deus que lhe oportunize reparar os erros que fez, as dores que causou. Ele é sábio e saberá que seu arrependimento é sincero. Eu conheci muitos dos escravos da fazenda aqui, e eles sofreram demais, pai. Veja estes casos.

E, colocando a mão na fronte do pai, sinhazinha mostrava muitas famílias de negros e escravos sofrendo nas mãos do Coronel.

Após alguns minutos, o Coronel, em lágrimas e se corroendo em remorso, disse a filha:

– Vá, minha filha, eu não posso ir, sou merecedor de castigos. Não posso ir com você. Serei escravo para aprender a não fazer mais isso.

Nessa frase me faço presente, me sento no chão ante um homem apavorado e digo:

– Eu o perdoo. Vá embora e peça a Deus a oportunidade de nunca mais errar assim. Você e sua filha estão livres. Vá.

O Coronel me beijava a mão, se abraçava à sinhazinha e dizia:

– Deus, obrigado, me deixe pagar, me deixe pagar.

Exu os pegava e sumia da minha vista. A cena terminava com um ancião negro se achegando, homem de feição iluminada a me abençoar:

– Beato, que bom que segurou sua raiva, sentiu sua piedade e teve nojo da vingança e da violência. Com tudo que fizeram a você e a nossos irmãos, mesmo assim ajudou um de seus algozes. Ele agora irá reencarnar segundo a vontade dele em um local distante para ser também escravo, é o que ele mais quer. Sente que, se não fizer isso, nunca saberá que conseguiu superar. Sinhazinha continuará sua jornada de Oxum e em breve poderá revê-la, pois ela quer muito lhe agradecer. Aprender a amar é uma arte e um treino constante, nunca se esqueça disso.

Abracei o ancião em lágrimas pela alegria de saber as novidades, mas também por dor em minha alma de ter usado as armas de senhores de escravos.

19. Ainda na fazenda

Aquela lição exterminava em minha alma, acredito, minha sede de vingança, aquela forma de pensar no olho por olho, dente por dente.

Finalizando a dura e espinhosa tarefa, aguardei alguns dias o comando de Exu para saber o que fazer. Estava chocado com o ocorrido, com ter me defrontado com situações que jamais poderia imaginar; em especial a de uma Oxum estar sendo branca. Era algo muito duro e difícil de entender e muito mais de absorver.

Rezei todos os dias, acompanhei os afazeres da fazenda sem interferir, já que não tinha autorização para tanto. Rezei e cantei muito aos Orixás para que mostrassem ao Coronelzinho que aquele caminho só o levaria a mais tristeza e rancor. Pedia aos Exus e também aos ancestrais que olhassem por aquele menino cheio de ódio e preconceito.

No meio de meus cantos, Exu me aparece, vindo da porteira em um carreador bem cuidado e me falando:

– Chega de descansar. Você não irá trabalhar como lhe pedi? Esqueceu suas tarefas?

"Que tarefas?", pensava eu. Ele não me deu nada, era para ajudar o Coronel e foi o que fiz. Porém, como perguntar isso para Exu? Se ele tivesse me passado missão, estaria em maus lençóis; se ele não tivesse passado nada, era um teste e deveria saber me colocar.

Em meio aos meus pensamentos, Exu dá uma sonora gargalhada e grita:

– Você se esqueceu, você cumpriu uma e eu te dei duas. Uma você fez, a outra era cuidar de dois descendentes do Axé para não perderem as tradições. Expliquei a você como e por que fazer.

Como um raio forte que caía na minha frente, surge a ideia, da qual eu havia me esquecido, de que dois jovens negros deveriam se interessar pelos Orixás, buscar saber e ser um ponto de resistência, querer ser herdeiros do Axé, e não reprodutores de uma cultura europeia.

Imediatamente fui ao chão, me curvei e pedi mil desculpas, sem parar. Estava muito envergonhado e muito aperreado diante do que eu mesmo havia esquecido.

Exu, me segurando os ombros e mandando eu me levantar, disse:

– Você se esqueceu, por quê?

Como se reponde a essa questão? Por que se esquece de alguma coisa? E, em especial, como é que eu esqueci uma missão de Exu? Não tinha como, e nem sabia como proceder, por isso falei:

– Vou pedir novamente minhas desculpas, e nem sei o que falar. Prometo que vou fazer de tudo para que isso não ocorra mais. Começarei imediatamente.

Exu, rindo, me disse:

– Infelizmente você não fará mais essa missão, o prazo dela acabou. Já chamamos outros para virem aqui e fazerem a tarefa. Não podemos esperar. Você terá outras oportunidades.

A notícia me deixou cabisbaixo, muxoxo mesmo, me rompi em lágrimas que, sinceras, não queriam ficar nos olhos. Era o extravasar de um penar de derrota em minha alma. Sentia o mesmo que quando vi meu erro em mainha, não conseguia aprender a escutar.

Exu se retirou, me deixando em meu momento enlutado, e dava as boas-vindas a duas negras bem novas, e lindas. Eram duas Iabassês que tinham trabalhado em uma ilha próxima ao Sul, traziam tradições bem fixadas em suas memórias, tinham vivido em isolamento e aprenderam as tradições com os ancestrais. Por isso sabiam como reproduzir o ensino ali naquele local. Admirado com aquilo e feliz por saber que iriam construir um Axé, meu coração se sentia ainda mais triste, pois com certeza não seria como elas que eu ajudaria, elas seriam muito melhores para meus irmãos.

Por isso agradeci aos Orixás, pois davam melhores chances aos meus irmãos encarnados. Mas, no fundo, além da culpa do erro e do esquecimento, me sentia ainda mais incompetente, pois, além de esquecer, não teria feito certo. Em meio ao jogo de culpa e estranho arrependimento e gratidão, Exu chega e me dá um susto e um pisão forte no pé. Com a mão me puxa as orelhas em direção ao campo, perto das duas negras que iriam trabalhar, e diz:

– Sobre o esquecimento já falaremos; agora, sobre o episódio aqui me diga: você conhece essas duas?

– Não conheço, não, senhor.

– Você confia nelas? Elas são mulheres do Axé que irão fazer de tudo pelo bem desta comunidade ou não?

– São confiáveis, sim, já tiveram experiência, mostraram que eram do Axé e sabem como fazer. Errei sim, senhor.

Exu gargalhava e de um passe mostrava que uma delas era uma senhora branca e vestia um hábito de freira.

– Você ainda se deixa levar pelas aparências, não só branco e negro, mas por conversas, testemunhos. A verdade não pode ser escondida ou camuflada se você aprender a ver a alma de verdade. Apenas crer nas aparências trará muitos machucados e, pior, poderá machucar outros.

Exu continuava a lição:

– A irmã, freira Claretiana, é uma amiga de nossos agrupamentos e com ela fazemos intercâmbios para ampliar a possibilidade de respeito mútuo e para conseguir construir projetos comuns ensinando aos encarnados a fraternidade inter-religiosa. Mas ela não poderá ensinar Axé para ninguém. Ela aceitou ajudar por bondade, pois, como ela mesma diz, existem muitos lobos em pele de cordeiro.

As duas senhoras riam de mim, e Exu gargalhava diante da minha face espantada e envergonhada. O que fazer com todas aquelas informações e dúvidas, como aprender a ver de verdade?

Exu, lendo meus pensamentos, vinha em socorro oportuno:

– Uma coisa de cada vez. Não há motivo de vergonha, e sim de profunda gratidão. A segunda coisa é que a verdade está na alma, se olhar com os olhos enxergará os olhos, para enxergar a alma usamos a alma. E aprenda uma coisa: existirão muitas vezes que você falhará. Todas essas falhas serão um aprendizado, não canse de saber o que fez você errar e como errou. Ofereça ajuda a quem o substituir, mostre que está disposto a auxiliá-las a conseguirem fazer o que você não fez. E faça isso sendo um auxiliar, um ajudante, e não um principal.

A verdade da alma ali me dizia que era uma bênção estar em frente ao Exu para tanto me moldar em busca dos Orixás. Agradeci a todos e a todas.

De imediato a negra se dirigiu a mim:

– Desculpe-me os modos, estou iniciando a vida por aqui e peço-lhe perdão e ao mesmo tempo ofereço-me para lhe ajudar se for de seu interesse, se me considerar útil para alguma tarefa e se eu tiver o consentimento dos Orixás e de Exu.

Exu gargalhava enquanto eu respondia:

– Sim, será de muita valia, sua mão e sua mente serão muito oportunas. Talvez sequer obtenha êxito se não tiver sua ajuda.

Agradecia e olhava para Exu como a buscar uma aprovação. Ele então, notando, me pega e diz:

– Tudo bem, pode ser; porém antes iremos dar um passeio. Podem começar sem ele a preparar o que será o processo.

Agradecendo a todas, saía com Exu para uma volta, que seria no mínimo para algumas lições e correções.

– Beato, e então, por que esqueceu?

A pergunta repetida mostrava que eu estava exatamente como antes, perdido.

– Meu Pai, não sei lhe responder isso, perdão.

Exu gargalhava e iniciava a minha lição:

– Quando nos defrontamos com tarefas árduas e pesadas, que mexem com nosso mais íntimo desafio, nossa mente foca e deixa todo o resto como resto. Porém, nunca iremos fazer isso ou aquilo; iremos fazer isso, aquilo e aquilo outro. Você esqueceu, pois caiu de cabeça num item e deixou os demais sem proteção. Em uma guerra, um general não envia todos os soldados na primeira batalha, pois batalhas são incidentais sempre. Há um motivo para a guerra, e ela sim quero ganhar. Você atua como se a batalha traduzisse a guerra inteira.

Exu continuava como um divino professor e mestre:

– Sua missão interior não é viver nos Orixás e mostrar os Orixás e a vida dos Orixás para os seus irmãos? Não quer ajudar sua mãe? Não quer aprender a controlar sua boca e seus pensamentos? Essas são missões individuais e devem estar em consonância com a vontade dos Orixás. Não podemos fazer uma coisa e nos esquecermos de tudo, pois do contrário a batalha vira guerra e então a razão de estarmos lutando deixou de existir. Isso nos faz sermos egoístas, imperfeitos e buscar apenas ganhar, e não atingir o objetivo. Muitas batalhas serão feitas para perdermos, como a do Coronel. Você perdeu a batalha, não se vingou, e nem ajudou diretamente. Se fez de algoz para que ele encontrasse Deus. Se aquilo não fosse uma batalha, e sim a guerra, você não teria feito tudo que fez.

Exu continuava a me ensinar e eu apenas bebia daquela infinita sabedoria me sentindo uma criança. Tudo era claro, deveria apenas exercitar aquela informação:

– Tudo está ligado, interligado e conectado. Por isso Deus é perfeito, e nós devemos mirar essa fonte e buscar em nossas tarefas a vontade de Deus. Só assim encontraremos tarefas e missões acessórias em cada evento. Agora, por exemplo, você errou ao esquecer, com isso chamei outras pessoas que você conheceu, aprendeu uma lição e elas também. Por isso, em uma missão que era a de ajudar os dois encarnados a construírem uma tradição de Axé, ajudamos vários espíritos desencarnados como você, a freira e a Iabassê. Oportunizamos novos relacionamentos de afeto sincero e com isso ampliamos a fraternidade, aprendemos a servir e a ajudar, lutando assim com o orgulho, e isso te ajudará a aprender a liderar e a mandar. Todas essas missões são derivadas de uma única.

A beleza de compreender aquilo me animava diante de meus erros, dando-me mais motivos para mudar. Porém, ainda assim não conseguia entender o meu esquecimento.

Exu vinha de novo me avisar:

– Você transformou a vida na questão do Coronel e esqueceu que tudo está ligado. A filha do Coronel era uma filha de Oxum, representante de Oxum, e na sua frente você não pediu a ela que olhasse seus herdeiros, que eram os negros. Não observou que ela esteve na fazenda com todos vocês para atenuar as crises e os rompantes do Coronel. Você não deve se recordar, mas a sinhazinha evitou muitos castigos, entre eles o de sua mãe. O Coronel queria matá-la, mas sinhazinha, ou seja, a nossa Oxum, com o tempero do amor o convenceu do contrário. Se estivesse atento a todos os detalhes, entenderia que a batalha não era a única coisa acontecendo. O padre que você chamou, ao evocá-lo vieram padres que cometiam abusos, e muitos deles macularam a vida de seus irmãos. Ali poderíamos ter oportunidade de ajudar e mostrar ao Coronel que muitos erraram, mesmo em nome de Deus.

A fonte do saber era infindável, e eu apenas podia beber e agradecer.

Exu continuava:

– Estaríamos ajudando a nossa missão principal, e junto com ela ajudando os padres equivocados, os negros vitimizados do abuso, as almas que sugavam energias dos erros, enfim, muitas oportunidades em um só evento. E você, totalmente imerso, esqueceu de olhar o todo e aprender a sempre casar objetivos com o propósito maior de Deus, que é a liberdade e a felicidade de todos. É um desafio e espero que você entenda, e entenda agora por que esqueceu.

Meus olhos já estavam cansados de tanto choro. A beleza e a perfeição, e em especial as oportunidades perdidas, me faziam chorar de gratidão e de beleza ante aquilo, mas também de culpa e tristeza.

Exu olhava e, me dando um safanão, corrigia minha mente:

– Aqui é a terra da oportunidade, portanto se lamentar adia a tarefa da nova oportunidade; aqui se aprende e se trabalha, e não se culpa. Não quero saber de culpa aqui, trabalhe para reparar seus erros, e pare de focar em você, pois esse é o outro motivo. Você diz "sou incapaz, sou teimoso, sou errado" e com isso esquece que Deus é perfeito, e se ele é perfeito irá reconhecer suas e nossas dificuldades. Diante de algo que não sabe, peça a Deus e aos Orixás ajuda e será atendido. Não há outra forma.

Dando um abraço nas duas senhoras e um pisão em mim, Exu mandou que eu continuasse o passeio pelas redondezas até o outro dia de manhã, quando deveria me apresentar para a negra Iabassê e a ela dar meus serviços.

Andei a noite toda, e tentava me mostrar que a culpa era ruim, perniciosa. Lá na alta madrugada tirei o foco do erro do passado, olhei para o presente e disse:

– Esta será uma ótima oportunidade de servir aos Orixás, mostrar a Exu que estou aprendendo e tentando ajudar meu povo na mesma fazenda onde nasci a não desistir dos Orixás nem de minha mãe ou de mim mesmo, pois somos ancestrais e por nós mesmos era preciso dar continuidade a nossa vida.

Ao mesmo tempo iria aprender com alguém que viveu situação semelhante e que iria ser acompanhado de uma freira que ali estava para aprender e respeitar os negros. E não poderia esquecer que eventos poderiam se suceder e eu deveria estar atento para transformá-los em missões para que a Paz e o Amor reinassem.

20. Ajudante de Iabassê

De manhã bem cedo já estava a postos, pronto para as tarefas como auxiliar. Me sentia bem e muito grato com a chegada de minha irmã, que logo se apresentava mais propriamente, me falando:

– Beato, se assim posso chamá-lo, sou conhecida com Iá Mina. Porém, seria de meu gosto que me chamasse apenas de Mina, pois assim poderia também me sentir confortável em chamá-lo de Beato. Creio que como irmãos não há entre nós hierarquia, e por isso gostaria de desfazer entre nós dois títulos ou prenomes.

Disse que sim com certa reserva, afinal a igualdade a que ela se referia deveria ser a de estarmos desencarnados, pois seu corpo negro reluzia as energias de Oxum forte, e sua decisão exalava a energia de uma filha de Xangô, e apesar disso desejava ser comigo uma igual. Aceitei, porém, não a condição de iguais, mas apenas a forma de nos chamarmos.

Naquela manhã estávamos apenas eu e Mina, a irmã freira não a acompanhava. Isso me despertou certo interesse e a questionei:

– Por que a freira não está conosco esta manhã?

– Ela não mais nos acompanhará. Um grave incidente envolvendo milhares de seres encarnados e desencarnados está ocorrendo na cidade de Salvador e nas suas imediações, e foram convocados muitos trabalhadores para fazerem frente aos diferentes incidentes que têm levado os homens à loucura do ódio. Nós devemos nos concentrar em nossa missão e, caso necessitem, nos chamarão. Portanto, apesar de perdermos uma companheira, por hora, ganhamos em tempo, pois nosso serviço será concentrado, afinal não precisaremos explicar certas tradições africanas a ela.

Apesar da imensa curiosidade que me assolava a alma em saber o que ocorria e se o Ilê de Iá Matilde era objeto de perigo, concordei com a sabedoria do espírito que ali estava comigo. Porém, pedi:

– Entendo e concordo com sua fala, porém me permita lhe pedir que façamos uma pausa antes de iniciarmos para rezarmos e cantarmos para os irmãos de Salvador, e eu em especial para os meus queridos irmãos, mães e pais do Ilê.

A bondosa Mina respondeu:

– Claro, muito oportuna a sua decisão. Vamos rezar ao Pai Obatalá e à Mãe Yemanjá, para ajudarem a família a que você se referiu no Ilê.

Entoamos vários cânticos que juntos nos mostravam a vida e rezando senti fortemente a presença de minha Iá, a Ialorixá de meu Ilê.

Ela estava vestida de branco, com seus colares e seu Ojá sempre bem alinhado, e me dizia:

– Olá, Soldado, olá, Mina, posso me juntar a vocês?

A cena me comovia por demais e logo beijei a sua mão e me curvei ao solo, fazendo os cumprimentos e homenagens a minha Ialorixá. Porém, meus olhos estavam em prantos; afinal, se ela estava ali, também tinha partido para o mundo espiritual.

Juntos nós três reiniciamos nossos cânticos, agora sob a condução da nobre Ialorixá. Logo estávamos acompanhados por centenas de almas de nossos irmãos que ali estavam em missões distintas. Eram na maioria negros, mas diversos indígenas se solidarizavam e outros tantos brancos se faziam humildes nos auxiliando em rezar, apesar de não conhecerem o dialeto nem mesmo as canções sagradas.

Uma cena linda, todos olhavam em direção a Salvador e de cada um saíam energias em direção à cidade. Alguns mostravam clara preocupação, outros saudades, mas todos desejavam em seu íntimo paz e amor para todos os envolvidos no conflito.

As energias saíam de cada um e se alinhavam em um grande fluxo que era logo alargado por energias que vinham da natureza e do sol. Os Orixás aproveitavam a reza e o canto para emanarem muitas energias naquele momento.

Terminada a oração, a Iá agradeceu a todos. Um a um foram se retirando e voltando a seus afazeres. Eu, por minha conta, não tirava os olhos de Iá, louco para abraçá-la e saber algumas novidades.

Iá se volta para Mina e fala algumas palavras em voz baixa. Então se vira para mim e me diz:

– Soldado, você sempre foi teimoso e fez o que quis. Pagou um preço alto por desrespeitar os Orixás, se os ouvisse ainda estaria na Terra e ajudaria seus irmãos na minha partida. Logo depois de sua aventura malsucedida, recebemos muitos negros, e outros, como você, se revoltaram e chamaram a atenção de muitos brancos, que resolveram acabar com nosso Ilê. Fomos invadidos e tudo foi quebrado, nossas terras foram tomadas e muitos foram ceifados da vida. Eu fui um deles.

Enquanto Iá me contava, me ajoelhei e pressionei minha mão no solo, procurando na terra consolo e controle. A notícia era desesperadora e me incitava profundas mágoas.

Iá continuava:

– Iá Ninca e outras Iaquequeres ainda escaparam e agora buscam juntar nossa gente para recomeçarmos. Depois de você cumprir algumas missões, lhe pedirei, Soldado, que me ajude nisso.

Olhei para Iá com olhos marejados e disse:

– Minha mãe, pode contar comigo, sou servo dos Orixás e servo de Exu. Se Ele me der a permissão, serei muito grato à senhora e a Olorum. Porém, a cada notícia que me chega, me sinto mais culpado por tudo. Não quis desrespeitar os Orixás, queria ter paciência e calma para não deixar minha raiva ser maior que minha fé. Sinto muito, Iá.

A Ialorixá, como uma grande mãe, estende os seus braços e me consola em um maternal carinho, dizendo:

– Sei disso, e trago as notícias a você agora, pois sei que, apesar da dor que ostenta, deverá aprender a lidar com isso, pois será por muitas vezes atiçado pela tentação da raiva e deverá saber se controlar e transformar a raiva em amor, como fez seu Pai Ogum. Inspire-se nele, pois sua vida deverá ser como a dele: enfrentar guerras sem matar, enfrentar batalhas sem ferir e obedecer sempre ao grande Rei. Soldado, não se acovarde, porém não se arvore em demasia; busque o seu equilíbrio, mas não perca a força e a determinação.

Sem poder me falar mais nada e sem se despedir, Iá Matilde sumia diante de meus olhos enquanto Mina me consolava ante a saudade e a tristeza das notícias trazidas, me falando em voz terna:

– Vamos parar, que hoje devemos nos acautelar e ficar em paz. Comecemos amanhã nosso trabalho.

Olhei para Mina e comentei:

– De maneira alguma. Apenas preciso ir ao açude e lá pedir que as águas me banhem, e logo iniciaremos. Posso ir?

Mina sorria e dizia:

– Beato, você não é meu servo, somos companheiros de serviço, não há necessidade de me pedir autorização em nada.

– Por favor, entenda que prefiro assim, pois dessa forma compreenderei a atitude de assistente e servo. Aprenderei a não errar mais.

Mina respondia com certa vergonha:

– Está bem. Então vamos juntos, se me permitir acompanhá-lo ao açude. E juntos nos deitamos aos pés da água de Oxum.

Olhando para a negra que me ladeava, via seus cabelos, que, ao tocarem as águas, se transformavam na própria água de Oxum; se misturavam a ela em um encanto. Me deitei saudando a Oxum que ali habitava.

A cena e a energia me mostravam o caminho a seguir e era preciso que meus irmãos africanos pudessem voltar a se sentirem conectados com as forças da natureza tal qual Mina e eu naquele momento.

Após alguns instantes e alguns cantos, voltamos para perto da casa dos trabalhadores negros e avistamos nossos dois irmãos objetos de nossa missão. Mostrávamos a eles nossa presença, que era sentida, mas não entendida.

Mina propôs que ficássemos juntos e preparássemos o sono, pois em desprendimento iríamos auxiliá-los. Estava concentrado e não pensava em mais nada, a não ser ajudar Mina e cumprir minha missão sem me esquecer das missões acessórias que poderiam surgir, mas afastava de minha mente as preocupações com mainha e com os irmãos do Ilê.

Já no entardecer, e nós bem próximos dos dois, Exu se achega e me chama para uma conversa privativa.

– Como está se saindo?

A pergunta seca e sem rodeios me deixava meio atento, pois algo de ruim estava por acontecer.

Disse ao Exu que estava lutando e que estava determinado a fazer de tudo para que os Orixás sobrevivessem e aquele pedaço de solo tivesse a força de outrora dos nossos ancestrais.

Exu me examinava por dentro com seu olhar penetrante e me falou:

– Vejo melhorias, porém não está pronto. Entretanto, não tenho muito o que fazer, você deverá ir sem estar pronto, e por isso deverá lutar com todas as suas forças para cumprir integralmente o que eu lhe falar.

Sabia que seria algo ruim, a notícia ainda não falada me deixava preocupado. Contudo, mais preocupado ficava em abandonar a minha irmã Mina.

– Meu Pai, e Mina como ficará? Não posso ajudá-la antes?

– Não pode. Junto a ela teremos mais três trabalhadores que viveram aqui e estavam em outra missão, porém foram deslocados para cá e você sairá já.

Sem me despedir ou saber se ela teria uma explicação, Exu me pega os braços e eu desmaio. Só vou acordar em outro local.

21. Nova missão de Exu

Olho em volta e sinto que estamos no litoral, em uma praia cheia de palmeiras e coqueiros debruçados na direção do vento. Sentindo a maresia que vinha das ondas do mar, me sinto renovado e cheio de Axé.

O Exu não estava ali, aparentemente me sentia sozinho, e aproveitei o momento para rezar e cantar à força de Mãe Yemanjá.

Por alguns tempos ali fiquei, percebendo que estava bem mais forte e equilibrado. Olho para as ondas e do meio delas sai Exu, que me chama:

– Venha até aqui, nossos afazeres não podem esperar. Lembre-se do que lhe disse: você não está pronto, portanto a prova será muito difícil e espinhosa.

Exu estava sério e compenetrado, exalava preocupação comigo, o que me deixava atento e apreensivo. Já dentro do mar, Exu me mostra a vastidão do oceano e pede a Yemanjá que me cubra com bênçãos.

Antes de partirmos, diz:

– Será uma jornada rumo às almas atoladas no desespero e na descrença. São almas perdidas em sua maioria, pois ao longo do processo de escravidão perderam suas identidades e seus caminhos de acesso aos ancestrais e aos Orixás. Estão perdidas, Mãe Yemanjá as escolheu para que nela mergulhassem e ficassem menos suscetíveis aos abusos dos oportunistas de plantão, entretanto passaremos desta camada e iremos mais ao fundo, na terra de ódio e planos malignos, que é a casa das feiticeiras e feiticeiros, território das trevas. Lá você deverá manter-se sempre em vigília e em oração, nada do que vir ou sentir poderá abalá-lo. Esteve em zona parecida, mas lá era apenas um jardim, em comparação ao lugar aonde nós temos que ir.

Disse a Exu que entendia e estava disposto a ajudar sempre, e que ele me guardasse em nome dos Orixás. Descemos. Muitos, muitos seres estavam em situação deplorável. Esquecidos pela vida, pareciam sem rumo, sem nada, verdadeiros errantes de um espaço desértico. Percebia que as energias de Yemanjá se derramavam constantemente sobre eles, mas pouquíssimos sentiam ou notavam esse amor.

De outro lado, muitas ligações e energias eram sentidas por almas que queriam dominar os sofredores e usá-los. A maioria dessas conexões não se efetivava, pois Yemanjá as bloqueava.

Continuamos a descer e furamos o fundo do mar, em uma descida muito íngreme e bem além do chão de Yemanjá. Era um local sem luz solar, sem quase nenhuma vida terrena e repleto de seres que estavam transformados em pequenos monstros. Tentavam nos ameaçar; porém, como Exu estava ali, ao verem-no corriam desesperados.

O guardião me falou:

– Iremos agora disfarçar nossa aparência ao máximo, não quero que saibam que estou aqui. Portanto, me farei um deles e você será meu prisioneiro.

E, num passe de mágica, Exu se assemelhava aos seres abismais e eu era amarrado, e não era um disfarce, posso assegurar. Após muitas horas de descida, chegamos a um platô cheio de edificações e templos dos mais variados tipos. Perto dali havia uma gaiola gigante. Aquilo me despertou muita curiosidade. Exu me socorreu:

– Ali ficaram muitas almas raptadas que serão exploradas na promessa de verem suas vinganças cumpridas e de não se sentirem mais abandonadas pelos Orixás ou por Deus. Você entrará lá como prisioneiro, e lá irá localizar uma pessoa e deverá convencê-la de que Deus e os Orixás zelam por todos, e essa pessoa deverá ficar crente de que errou e pedir ajuda a Deus de forma sincera. Você terá trinta dias para isso; porém, se acaso sentir que não conseguirá, me chame e eu tiro você, mesmo antes do fim de nossa tarefa, mas não deixe se perder, isso é crucial. Eu não ficarei aqui, visitarei você uma ou duas vezes por semana.

Olhei para Exu com certa preocupação e lhe perguntei:

– Quem é essa pessoa, meu Pai?

Exu, me olhando atentamente, disse:

– Sua mãe na última encarnação.

Um misto de euforia e profundo medo de falhar me avassalava, mas não tinha dúvida de que queria muito fazer aquilo. Exu me falava ao fim, antes de ser apresentado:

– Tentativas várias foram feitas, mas ela, sua mãe, está fixada na falha e na raiva, falha de não ter te ensinado e raiva por você ter feito do esforço dela uma derrota. Crê que os Orixás abandonaram todos os que deixaram a África e por isso quer se vingar de todos os brancos e de todos os negros que ajudaram a escravidão. Pediu para Iyami muito, pois queria ser transformada em feiticeira para se vingar. Por isso a nossa esperança é que você a convença de não fazer esse pacto e assim se comprometer por muitas décadas, senão séculos, com os senhores das trevas.

Olhei para ele, pedi bênção e rezei aos Orixás. Estava muito ansioso para ver a minha mainha e a ela pedir perdão; porém, antes de me entregar, Exu disse:

– Lembre-se de que ela está com raiva de você. Ao vê-lo aqui, entenderá que você realmente sucumbiu e, portanto, poderá acelerar o processo de descida dela. Você deverá impedir a descida, entendeu, Beato?

Afirmei que poderia contar comigo e logo estava eu atrás de grades estranhas. De imediato procurei por minha mainha.

22. Até que enfim procurando mainha

A prisão era muito maior que se possa imaginar e era dividida em dois grupos: os escravos forçados, almas que queriam fugir; e outro que eram os voluntários que se preparavam por espontânea vontade para servir a feiticeira do local. Conforme orientação de Exu, minha mãe deveria estar junto às voluntárias. Aproximei-me delas e fui barrado por fortes almas que perguntavam o que eu queria.

Iria responder "minha mãe", porém elas poderiam acreditar que isso seria um salvamento e me impediriam. Se eu falasse em servir, que queria aprender voluntariamente, iriam com certeza me aplicar alguma prova e eu não iria gostar de servir a uma feiticeira maligna. Pensei e respondi:

– Estou aqui porque tem uma pessoa neste local que me machucou e me deve explicações. Eu morri por causa dela e ela ainda me acusa de tudo, portanto quero mostrar a ela que ela é a pária, e não eu.

Os guardas, se é assim que podemos defini-los, riam e perguntavam quem é a pessoa.

– É a minha mãe. Deve estar com as vísceras de fora e, se bem a conheço, deve estar cheia de dúvidas e frescuras.

Os guardas me apontaram a mainha e segurei toda a minha energia para não sair correndo, dar umas pernadas em todos e fugir com minha mãe. Então falei:

– Sim, essa é a pessoa que me fez sofrer. Deixem-me falar com ela e prometo que ela lhes servirá melhor.

Um dos guardas, que parecia ser o de mais alta patente, me disse:

– Se você é filho dela, por que não está com a barriga furada?

A pergunta mostrava que conheciam o caso.

– Eu a reparei, aprendi a duras penas em um local cheio de rastejantes criaturas, chamado por elas de desfiladeiro das sombras da fonte.

Os soldados ali presentes se entreolhavam. Após umas conversas mais de perto e sigilosas, deliberaram que eu poderia entrar, mas um deles iria me acompanhar.

Uma vez dentro do grande espaço, me dirigi ao grupo de mulheres, que confabulavam em conversas que, posso assegurar, nunca eram dignificantes. O principal tema era a vingança, o troco, o desejo de verem determinados senhores, maridos, amantes, filhos e pais em situações dolorosas, o que o tempo todo desculpavam como justiça. Afinal, quem com ferro fere, com ferro será ferido.

Passei entre muitas mulheres, muitos homens, e não encontrava a minha mãe, talvez ela tivesse me avistado e corrido, se escondido. Talvez fosse tarde demais. Meus pensamentos eram chibatadas em minha alma e sabia que deveria controlá-los, pois, do contrário, iria sucumbir naquele mar de raiva, sentimento tão próprio para mim até aqueles dias.

O guarda que me acompanhava examinava minhas ações e meus pensamentos mais claros. Eu deveria saber criar uma barreira e apenas mostrar que eu também possuía raiva e ódio, então pedi para sentar um pouco.

Sentado, coloquei minha mente em paz, desejando que as forças dos Orixás estivessem comigo. Tentava manter isso sob sigilo. Porém, o soldado percebera e com um golpe me acertou a fronte, produzindo profundo ferimento. Exclamei a ele:

– Você perdeu a sanidade? O que dirá o seu chefe quando souber que anda agredindo colaboradores da causa? O que fez você fazer isso?

Olhava cheio de razão e sem demonstrar nenhuma dor ou surpresa medrosa. O homem, cheio de si, em um primeiro momento ante a minha empáfia, mostrou fragilidade e respondeu:

– Você estava em oração, seu impostor! É um enviado das forças dos fracos para aqui nos aplicar um golpe.

O guarda havia percebido a minha oração, e de imediato quis chamar os demais guardiões. Rapidamente, me inspirei e tentei convencê-lo da loucura que falava:

– Não lhe falei que essa é uma das artimanhas para que eu saiba se há aqui algum impostor? Não sabe que minha mainha sempre devotou amor aos Orixás? Minha intenção é achá-la! Enquanto não faço isso, descubro se há algum fiel fraco aqui. Me olhe, cabra! Vê aqui alguém que reza?

A forma com que eu falava e a certeza com que me impunha fizeram o soldado recuar. Porém, não a ponto de convencê-lo. Assim, ele chamou dois superiores e relatou a conversa. No meu íntimo estava temeroso de que não conseguisse cumprir a missão e sequer ver minha mainha. Não podia transparecer isso! Portanto, estava pensando, enquanto conversavam, em um plano para maltratar o sargento que havia assumido a obra de me enrolar nas tripas de mainha. O sentimento, apesar de muito perigoso, era o mais perto de raiva que eu poderia chegar naquele momento. Um dos chefes me olha e em fiscalização percebe minhas intenções.

– Então, você deseja realmente aplicar um corretivo no homem que lhe fez o atentado? Posso ajudá-lo a cumprir essa tarefa, deseja?

Sem muita saída, disse:

– Por favor, irá me prestar um favor máximo, pois graças a esse cabra que estou morto. Por causa dele minha mainha se afastou de mim. Quero mostrar a ele que não se mexe comigo, e mostrar a mainha quem sou eu; por isso, se for possível, queria fazer isso com minha mãe.

O chefe me olhava e percebia que minha raiva aumentava quando me lembrava de minha mãe. O sentimento era decepção e fúria. Porém, o personagem que eu colocava em minha mente não era o sargento, e sim eu mesmo, pois de fato o principal culpado era eu.

Como ficava claro que eu possuía tremenda raiva e aumentava esse sentimento quando falava de minha mãe, o chefe pensava a respeito. Todavia, me deu um susto ao me mostrar as condições:

– Vou pensar com muito entusiasmo em sua proposta. De qualquer forma, lhe garanto que ajudarei você a encontrar o tal sargento, mas aqui tudo tem um preço, para isso você deverá me mostrar que é capaz de me ajudar primeiro e, se fizer a contento, tem minha palavra de que irei ajudá-lo.

O que fazer diante daquela encruzilhada? O meu desespero tomava conta e os soldados percebiam que eu estava titubeando, por isso bradei:

– Eu sou capaz de muitas coisas, vocês mesmos viram que não tenho nem mesmo cicatriz. Falei a vocês de onde vim, o desfiladeiro da fonte é duro, e se perguntarem de mim saberão que pus uns poderosos para correr só porque não me deram água para beber, e agora querem que eu prove a vocês? Que história é essa?

Falava com raiva e orgulho, usando uma meia-verdade para não cair em contradição. O chefe me olhava com olhos de alegria e rebatia:

– Me expressei mal, não é provar, é pagar. Você vai me pagar para ajudá-lo, e, se pagar, eu ajudo você. Compreendeu?

Fiquei sem munição. Como escapar daquela situação? Me veio apenas uma coisa:

– Pago com satisfação, e entendo que você queira adiantado, porém me mostre alguma boa vontade de sua parte e me deixe ver mainha, e com ela posso traçar o que me pede.

O chefe agora percebia que eu estava em negociação e, apesar de não gostar de ser desafiado ou contrariado, sentia nele certa admiração pela coragem desprendida por mim.

– Você é um baiano muito abusado, um cabra da peste mesmo. Eu estive várias vezes em sua terra em busca de almas e sempre encontrei almas assim, aguerridas e cheias de rancor. Porém, me arrependi algumas vezes, pois ancestrais de vocês acabavam por me incomodar. Mas você me faz graça, vou fazer assim: você fará um trabalho aqui dentro, sem sair, e logo que acabe estará com sua mãe. Pode ser?

Sem saída, disse:

– Combinado, quero começar já. O que quer de mim?

Após alguns sorrisos e risos, o chefe me disse:

– O guarda aqui me disse que estava simulando uma oração para pegar um impostor e saber se sua mãe ainda acreditava nessas coisas. Pois bem, sabemos de alguns espíritos que aqui estão para nos prejudicar. Quero que me traga pelo menos um deles, com prova, e então deixarei você e sua mãe cumprirem sua vingança.

Todos riam e me olhavam com desconfiança. Algo estava escondido na fala deles, não sabia se era uma armadilha, se já tinham descoberto que eu era um infiltrado ou o quê. Apesar disso, não tinha outra saída e perguntei:

– Há alguma indicação, pista, apontamento que eu possa usar? Posso rezar como fiz, eles aparecem?

Mais risos e um dos soldados me respondia:

– Temos algumas suspeitas, vamos apresentar a você três delas, e com como fazer você deverá se virar.

E me mostrando três grupos distintos o guarda afirmava que entre aqueles espíritos havia indicações e suspeitas. Agradeci e fui em direção ao grupo que me parecia menos revoltado, pois acreditei que ali estariam almas mais nobres. Chegando lá encontrei homens frios e calculistas, que conseguiam segurar quase todas as emoções e tramavam apenas ilhas de poder e de dominação; não eram revoltados ou raivosos, eram apenas gananciosos e dominadores. De longe, o grupo de guardas que me fiscalizava se divertia comigo.

Olhei para os grupos faltantes e, indo em direção aleatória a um deles, pedia a Exu e aos Orixás que soubesse como agir. Não conseguiria fazer mal a ninguém e, mesmo que isto representasse ver e ajudar minha mainha, não poderia fazer mais ninguém pagar o preço dos meus erros.

Não sabia como eles poderiam se contatar comigo; afinal, se isso ocorresse, iriam perceber. Caminhava muito vagarosamente como se estudasse os grupos, mas a verdade é que estava maquinando o que fazer. Pensei como um Exu atuaria, afinal era a possibilidade de não errar.

Um velho no caminho me aborda e sinto que é alguém muito familiar. Me aproximo do velho, que sussurra para mim:

– Sou Exu, me entregue. Deixe, que eu saberei como fazer, apenas me entregue.

Continuei andando como se não entendesse, porém era uma distração, e logo me sentei e comecei a rezar. Rezava tanto e tão forte que luzes vinham em minha direção assustando alguns e fazendo o velho ancião se aproximar. Quando o Exu disfarçado se achegou, o abracei e gritei:

– Está aqui o impostor, está aqui!

Olhando para o velho, que sorria feliz com o desfecho, gritava para ele:

– Agora saberemos se você é realmente um impostor. Chame seus Orixás, mostre que eles existem mesmo, mostre esse tal de Exu, um brincalhão sem compromisso, ou vai chorar arrependido de acreditar em Olorum?

Vários guardas se aproximavam e jogavam uma rede em cima do homem, me olhando preocupados. O chefe me chama de lado e diz:

– Como você sabe que ele é o impostor? Não encontramos nada nele.

– Eu rezei e ele se aproximou, senti que ele é devoto de Exu, por isso o provoquei. Levem-no para um local fechado e logo cutucando o velho saberemos a sua verdade.

O chefe me olhou meio desconfiado e falou:

– Vamos verificar, porém não fale assim para as pessoas chamarem Orixás ou Exu, você quase os chamou com sua oração, fique esperto. Além do mais, investigamos a história da fonte que nos contou, o que soubemos é que o que você nos disse foi verdade, porém também soubemos que você deixou a fonte para todos, não se apoderou dela.

Olhei para o chefe que ali me interrogava com perspicácia e cheio de preocupações e bradei:

– Não queria aquilo para mim, sabia que deveria sair de lá e buscar o que quero e você já sabe. Queria encontrar minha mãe e com ela conversar, e lá deixei livre. Portanto, se eu voltar lá, todos me ajudarão, afinal devo ser um rei lá.

O chefe ria e se afastava.

Ao pegarem o homem velho e tentarem o levar, ele se transforma em Exu. Destrói toda a rede, pega um dos guardas e o chefe e some da vista de todos. Há muito alvoroço, e outro guarda me pega e me leva para um outro local longe da gaiola. Era uma espécie de castelo e lá sou convidado a falar com o superior, que me diz:

– Você revelou um Exu, uma habilidade aqui nunca vista. Conseguimos desvendar seguidores, mas Exus são impossíveis. Não sei se é um dom ou se é sorte, porém você nos ajudou. Apesar de perdermos dois homens, o estrago é mínimo diante do que Exu poderia fazer. Considerarei sua vontade, mas em minhas condições. Você iniciará sua vingança e, apenas após vermos que ela se efetivará, poderá se juntar a sua mãe. Preciso, entretanto, lhe dizer algo: como você me ajudou, quero lhe dar um brinde. Sua mãe deseja muito vê-lo e é por isso que apenas após seu plano se efetivar que você a verá. Ela quer, na verdade, se vingar de você, ela veio nos procurar pensando em você. Portanto, ao vê-la, saiba que ela quer prejudicar você. Estou lhe falando porque entre você e ela gostei mais de você, afinal creio que poderemos fazer bons negócios juntos. O plano dela é aproximar-se de você, usar um pedaço de magia podre que ela pegou e que alimenta com uns encarnados. Você sentirá tudo até ela se cansar; portanto, ao vê-la, observe na mão esquerda e verá o que lhe digo. E não seja tolo, é muito poderoso o que ela traz.

A história era muito ruim, e não sabia se verdadeira. A confusão estava em minha mente, e deveria seguir o plano, pois somente assim poderia ver minha mainha e confrontá-la. O que fazer com ela seria para depois; o que me incomodava era o que fazer com o sargento, afinal só iria ver minha mãe após executar algo com o sujeito.

23. Trabalhando disfarçado

Cinco guardas foram destacados e vários ajudantes. O superior me perguntava o que eu usaria, e minha resposta foi:

– Gostaria de sondar o sujeitinho antes. O que quero é algo lento, cruel e que atinja a família dele. Não sei se ele está vivo ou morto e quem está com ele, por isso primeiro quero vistoriar e então, se permitir, decidir o que fazer.

O superior dava gargalhadas e se contorcia para trás.

– Aprendam, meus súditos, é assim que se faz. Não se vai igual louco; se trabalha, tem paciência, e então o bote é certeiro e longo. Estou gostando tanto que irei junto, assim me divirto.

Apesar de escapar por hora, a presença de um superior me deixaria com muito mais preocupação, afinal ele saberia ler pensamentos de forma muito mais rápida e certeira que seus soldados. Respirei fundo e me detive no sargento, pensando em como implantar uma vingança falsa, ou seja, que parecesse a todos ruim, mas que era algo muito bom.

De um golpe, chegamos à crosta e lá estava o então sargento. O homem ainda estava vivo, muito velho e cheio de dores.

Olhando a situação, falei:

– Ele está com dor, fraco, e desejando que as coisas melhorem. Se eu matar esse verme, ele ganhará. Tenho que descobrir mais sobre ele.

O superior esfregava as mãos em euforia e alegria. Ficamos em observação por mais de duas semanas e nessas verifiquei que o ódio racista era a coisa mais presente que ele tinha. Odiava negros, e era devoto. Depois de velho, ia à missa quase todos os dias para pagar seus pecados, como dizia ao padre. Sempre reclamava do fim da escravidão. Chutava e cuspia nos negros na rua e seu maior amor era uma neta, uma moça de pouco mais de 14 anos que além de bonita era carinhosa e devotada.

Com as cenas, pensei muito e falei com o superior:

– Minha ideia é a seguinte: primeiro vamos aproximar a neta de movimentos negros, pessoas que defendem os negros. Há na cidade muitos intelectuais que afirmam ser os pais da abolição, vamos aproximá-los. Esses grupos estão sempre com negros e quero fazer a neta se encantar com um negro. Depois quero quebrar a fé do sargento, aparecer em forma de Deus para ele, dizendo que eles entenderam errado, que Deus é negro, e então ele será abordado por uma Ialorixá que falará que o Orixá está o chamando. E depois disso veremos como se comportará o sargento, pois o golpe final será ele me ver como o único que pode socorrê-lo. Como ele me matou, deverá entregar a neta e a família para o sacrifício, senão ficará ardendo no inferno.

O superior não gostou muito do plano, mas concordou que seria cruel e geraria muito sofrimento. Minha real intenção era mostrar que a menina tinha escolhas, e verificasse com seus olhos que todos somos filhos de Deus. A aproximação aumentaria o efetivo dos que lutam pela liberdade real de meu povo e pela construção de um país sem cor, ou melhor, um país de muitas cores.

O Deus negro iria fazer o sargento se curvar diante de seus erros, parar de prosseguir acrescentando ódio e raiva em seu caminho, e iria conceder a ele a chance de arrepender-se, de encontrar oportunidade, pois veria sua neta próxima de movimentos negros. Ao me ver, se depararia com o perdão sincero e perceberia que no fundo podemos reconstruir nossas vidas mesmo depois de mortos, e neste final traria os soldados que ajudamos para testemunharem na solidariedade e na comunhão.

Dada a autorização, descobrimos que a menina já tinha olhos voltados para Ruy, um jovem de 22 anos que era jornalista e escrevia no diário para falar da liberdade falsa da Lei Áurea e de como a República deveria saber lutar para a igualdade e ampliação dos direitos dos negros. Era um menino perseguido, que fazia parte de sociedades secretas que trabalhavam na possibilidade de ampliar a democracia. Com isso, bastava permitir a aproximação e deixar o real sentimento desabrochar.

Em pouco mais de quinze dias, os dois não conseguiam disfarçar o amor verdadeiro. Vendo aquilo, soube que minha elaboração do plano atendia ao caráter superior, havia eu sido intuído, pois o que fiz foi nada, o amor já era previsto e estava no destino. Com isso ocorrendo, o superior se espantava com a agilidade e o aparente poder, me dando mais liberdade e devotando admiração, a ponto de chamar mais alguns superiores para acompanharem o caso. Dizia ser uma grande promessa a minha pessoa.

Logo decido visitar o padre e para isso chamo um companheiro de outras jornadas que havia me ajudado com os soldados. O padre se achega. Nitidamente já instruído pelos Exus, veio disfarçado e prometendo me ajudar.

O superior me interrompe e me chama, perguntando:

– Quem é o da batina? Como ele veio aqui e como ele jurou a você obediência?

– Como falei para o senhor, há muito planejo pegar o sargento. Para isso visitei quem eu conseguia encontrar, achei mais de quarenta soldados do batalhão e entre eles estava este padre. Ajudei muitos deles com o intuito de que um dia me pagassem um favor, e aqui está ele, e depois estarão alguns dos soldados para mostrar que eu os ajudei. E quando o sargento acreditar que eu o ajudarei, contarei tudo.

O superior dava extensas gargalhadas e dizia nunca ter visto um novato planejar de forma tão ardilosa uma vingança, e que um padre seria muito bem-vindo para a agremiação. Pediu que eu pudesse convencê-lo. Falei que havia outros padres que poderiam ajudar e que estavam em uma fazenda, pois eram sexualizados e gananciosos, por isso tinham muito para contribuir. Porém, afirmei que só falaria onde e como após todo o processo.

Tudo se desenrolava bem. Apesar de estarmos ali há três meses, o sargento já não dormia mais, chorava de raiva ao ver a princesa netinha nos braços de um abolicionista. O padre era sua única fonte de consolo, pois também devotava, como o sargento, extenso e feroz racismo. O padre que veio ao meu auxílio, o amigo Adolf, começava a dizer em sonhos ao colega de sacerdócio que era preciso amar os negros, pois Jesus assim o fez. Ensinou com imagens reais de Jesus, mostrava o Messias pregando e curando negros em suas caminhadas. A cena era para o padre encarnado um pesadelo. O bispo, em visita à igreja, afirmou ter os mesmos sonhos.

Os discursos de ódio racial proferidos no púlpito da igreja ficaram escassos e inexistentes. Em conversas reservadas com o sargento, o padre não mais falava ou comentava assuntos que estimulassem a raiva aos negros. Aquilo cheirava mal ao sargento, que estava sem apoio em seu colérico momento.

O padre confessa ao amigo militar que os negros podem ser mais do que eles pensavam e relata os sonhos dele e do bispo com Jesus mostrando os negros como irmãos. A história era um abismo para o sargento, que diz ao padre que nunca mais pisaria em uma igreja. Afirma que os padres estavam sendo contaminados pelo demônio ao aceitarem negros.

Os superiores comentavam satisfeitos o progresso de nossa missão, a ponto de chamarem o presidente daquele agrupamento para me visitar e assistir o enredo final. Percebia que os Exus estavam armando uma grande emboscada, ali estariam em território neutro grandes almas do submundo e seria mais fácil de serem surpreendidas.

Ao sair da igreja, descendo uma das ladeiras estava uma Ialorixá muito correta e respeitada, cheia de ligações com Exus e Orixás. Me aproximei dela e um Exu veio em minha direção. Falo com ele sobre o que pretendo fazer, ele aceita o desafio e vou relatar aos superiores:

– Senhores, consegui convencer aquele homem que acompanha a tal mãe de santo de que o sargento tem Orixá na cabeça e precisa de uma ajuda, pois maltratou muito os negros e está arrependido.

Todos se enervaram e quiseram sair e, me ameaçando, se levantaram. Porém, viam na colina distante que o enredo prosseguia. O sargento, cheio de ódio e desilusão, teve em seu coração uma dor forte, caindo em agonia no chão. A Ialorixá se aproximava, rezava ao seu ouvido e colocava a mão no peito, enquanto Exu trabalhava e tirava a angina.

O sargento abre os olhos e diz:

– O que é isso? Até Nossa Senhora é negra? É você, Maria?

– Sim, meu nome é Maria, mas meu nome atual é Iá Mutimbaté. Fique calmo e logo tudo passará, Exu já cuidou de você.

O sargento derretia os olhos em lágrimas. A mãe de santo tinha nome de registro de Maria da Conceição e após o fim da escravidão abandonou o nome branco, mas, perguntada pelo sargento, respondeu como se fosse a Santa Mãe da Igreja.

O presidente não acredita no que vê e percebe que o Exu e a Ialorixá se afastavam, e eu convido a todos para o desfecho com uma condição:

– Quero que mainha esteja aqui.

Mandavam buscar a minha missão verdadeira e, antes dela chegar, me relembravam do aviso da raiva e da vingança dela. Nos aproximamos todos do sargento, que estava meio cambaleando e sem entender nada. Então aplico o golpe final. Me faço aparente ao sargento e ponho os buchos para fora dizendo:

– Sargento, e agora o que faremos se a morte não existe e os negros aqui estão estendendo as mãos para você? Quantos negros matou, torturou? Como explicar isso a Deus? A Jesus, que nos estendia a mão?

O desespero e a desconfiança e uma mistura de sentimentos e de desilusões enchiam o sargento de dores. Ele gritava a mim para sumir de perto dele, afinal eu era o demônio. Peço então que os soldados dele mortos naquele dia comigo estivessem ali para testemunhar. Mais de sete apareceram. Confesso ter esperado mais, porém era o suficiente, e todos relatavam o trabalho conjunto meu e do padre, um em nome dos Orixás e o outro em nome de Deus, juntos ajudando as famílias e eles. O sargento chorava e não entendia.

Olho para o presidente e digo:

– Pronto, agora ele não é nada, não tem fé, não tem herdeiros, e se consome em remorsos.

O presidente me manda olhar para o lado. Minha mãe ali estava com ar de surpresa, com raiva e amor misturados.

Olhando para ela e pedindo para me aproximar, me fiz ajoelhado ao lado do sargento e disse:

– Deus irá perdoar tudo, sargento. Não alimente mais o ódio e aprenda com o amor. Assim conseguirá sua liberdade.

O sargento me pede algo e eu peço para um transeunte, que pergunta ao sargento o que pode fazer, e este responde:

– Apenas leve um recado a minha neta, por favor, diga que a amo e abençoo o casamento dela, que ela seja feliz, e que eu morri com a mão de Deus me amparando.

O homem corre chamando ajuda enquanto o sargento agonizava em morte e era amparado pelo padre e por um negro que não reconheci.

Minha mãe se aproxima e, antes de se achegar, digo:

– Presidente, superiores, por favor, estejam perto, porque aquela que me quer mal pagará caro, pois darei a ela tudo que ela não quer.

Todos riam e se aproximavam. Tudo parecia maquiavélico e maldoso, porém o amor envolvia a todos, eu sentia a presença dos Orixás e de Exu, de meus ancestrais. Olhando para minha mainha, antes dela se achegar, disse:

– Mainha, sua bênção. Me perdoe, não escutei a senhora nem os Orixás e agora assisto ao seu ódio por mim, ele está certo. Sou, sim, um pobre ignorante que desprezou sua lição de amor verdadeiro e a maior prova de fé a que já assisti. Paguei com traição a lição dos Orixás e lhe causei mal. O que a senhora fizer agora será nada diante do que lhe fiz. Por isso, mainha, estou esses anos todos trabalhando para ajudar os soldados que matei. O sargento que nos matou agora recebe a bênção do arrependimento sincero e uma semente de luz e amor foi nele plantada, e fiz isso porque pedi a Olorum que pudesse ver a senhora uma vez mais e reparar o mal que lhe causei.

Enquanto falava, as almas dos soldados, da Véia Tiana, que mainha conhecia tão bem, pois era sua confidente, e de tantos outros negros do Axé se juntavam a uma legião de Exus que aprisionava todos ali. Os superiores, desesperados, e o presidente tentavam sair, mas era tarde, a força dos Orixás os aprisionara.

– Mainha, a senhora é a prova do amor mais puro que alguém pode ter. É tão grande o seu amor, a sua lição em minha vida, que, mesmo que a senhora quisesse me atingir com seu ódio materializado, eu seria feliz e contente, e quem teve uma gota do seu sacrifício não pode temer se sacrificar por toda a eternidade só para vê-la feliz. Minha mãe, sua bênção, cumpra seu plano, faça a sua vingança, ninguém a deterá, lhe garanto, pois eu me coloco em sofrimento eterno para que a senhora seja livre. O que a senhora fez por mim e eu não entendi me permita fazer pela senhora, me mate, me sacrifique. Peço a Olorum e a Xangô que não a julguem, pois é meu destino. Mainha, a senhora me ensinou a amar e lhe dou o que mais verdadeiramente possuo, minha alma. Ela é sua, minha mãe, te amo.

Me ajoelho em prantos, bato minha cabeça e assisto a minha primeira mãe de santo me saudar e chorar. Estava ela feliz, contente, e saudava a mim. Iá Matilde, Ialorixá de meu Ilê, fazia o mesmo. E, um a um, todos que ali estavam se emocionavam, pois coloquei tudo em meu coração e dei a minha mãe. Sentia Oxum e, Ogum em minha volta e sentia os Orixás em volta de tudo.

Minha mãe, ainda confusa, se achega e se ajoelha, joga no chão o pedaço de saco de magia e se deita em cima dizendo:

– Beato, meu filho, você aprendeu a ser livre, danado! Sua mãe está feliz, não se esqueça de mim, reze por mim, a magia não pode ser desmanchada, por isso ela que impregne minha alma, que se perdeu e quis fazer mal a criatura santa como tu. Meu filho, se antes morri triste e com raiva, desiludida e sem fé, hoje morro feliz, crendo no poder de Olorum, de minha mãe Oxum e de Yemanjá, pois você é livre, meu filho.

Tentei rapidamente correr e impedir o sacrifício de minha mãe de novo, mas era tarde. Meu reencontro se fazia como a despedida. Me sentia culpado pela dor de mainha. Gritei em desespero, rezei e quase fui tomado de raiva, mas me depurei e disse:

– Olorum, se a eternidade não for tempo suficiente, me conceda duas, três, para que eu possa um dia amar como ela me amou, para que eu possa fazer de um tudo até livrá-la do castigo. Eu não tenho nada, a não ser amor por ti, minha mainha. Olorum, envie os Orixás, por favor. Ossain, traga as folhas; Omolu, conceda sua cura; Nanã, por favor, me escute.

Me debrucei sobre o corpo astral de minha mainha chorando e prometendo servir a Olorum todas as eternidades para ajudá-la. Um impulso se fez embaixo de mim, e fui jogado para cima. Mainha era recolhida por Oxum e por Yemanjá e amparada por Exu, que me dizia:

– Cuidaremos dela, fique tranquilo. Agora cumpra seu destino.

Um clarão de sol fez com que todos sumissem. Apenas eu permanecia ali, numa ladeira estreita, sentado com meu choro, com meu amor e com minha fé.

24. Na ladeira

Muito tempo se passou entre o clarão e o que passo a relatar. Nesse tempo, tão necessário a mim, agradecia a Deus por sentir e viver emoção tão verdadeira e forte como as bênçãos de minha mainha. Seu amor era tão grande que foi capaz de se transformar em ódio, tamanha era a decepção. Com isso aprendi que devemos amar sem querer que o outro faça algo para nós, pois, quando assim desejamos, isto é, quando amamos tão intensamente e ainda projetamos que o objeto de nosso amor faça algo ou conquiste algo, acabamos por nos ferir e transformar um sentimento tão lindo em algo tão tenebroso.

Percebi que, se logo após meu desencarne tivesse encontrado mainha, uma tragédia ainda maior teria acontecido, pois ela estaria com fúria e ódio e eu, com culpa e remorso, aceitaria a dor sem amor e escravizaria a mim e a ela.

O amor é fonte de liberdade. Minha fala para mainha era a mais sincera possível, não foi um jogo ou meias-verdades, era o que penso e pensava. Meu sentimento por ela é tão puro e real que seria capaz de sacrificar tudo que tenho pelo bem dela. E não com remorso ou heroísmo, mas com vontade íntima de vê-la feliz e ascendendo aos Orixás, e não mais caindo na ladeira da perdição e da cegueira.

Percebi, entretanto, que mainha me amava de forma parecida, mas seu amor acabou sendo escravizado. Fez seus sacrifícios, porém queria recompensa por eles. Entendo que minha mãe não teve pensamento de ganhar recompensa conscientemente, mas de fato era esse o seu desejo.

“Quantas mães não fazem isso?”, pensava. Muitos sacrifícios, projetam aos seus rebentos profissões, casamentos, estudos, e, quando isso não acontece, são as primeiras a falar que fizeram tudo pelo filho, abandonaram carreira, vida social, e é assim que o filho pagava.

De certa forma, era o mesmo com mainha. Ao me ver preso, sentiu que suas dores e seus sacrifícios tinham sido em vão, e logo todo o amor se desfez em mágoa. Me falou da mesma forma:

– Tudo que fiz foi para te ver livre e você me desgraça tudo. Meu ódio toma conta de mim e você é o culpado.

Reconheci, neste tempo, que errei, mas não fui o culpado de tudo, pois segui minha vida com os fundamentos e princípios de mainha. Cumpri minhas promessas feitas a ela, fiz de minha vida serviço dos Orixás, mas ainda assim errei e me prejudiquei, levando dezenas comigo.

Esse pensamento, ao mesmo tempo que me trazia consolo, me dava saudades, pois, quando fiz meu voto de sacrifício sem desejar nada em troca, o ódio de mainha se transformou em amor. Ou seja, o ódio era uma ilusão, uma nuvem que a impedia de ver o amor. Bastava tirar um pouco daquilo para que o sentimento verdadeiro crescesse e aparecesse. O sacrifício dela era naquele momento verdadeiro, tanto quanto o meu. Foi lindo demais.

Cantei aos Orixás, a Exu e aos ancestrais. Passei por umas zuelas[6] de Mestre Gafanhoto, até acabei dançando em homenagem ao dono da Terra.

Ali sentado, de novo agradecendo toda a luz que me deram e o tempo que me fizeram ter para não pôr a perder tudo com mainha, aparece Exu descendo a ladeira e soltando uma gargalhada gostosa de ouvir.

– Ainda bem, hein, Beato? Ainda bem que você não pôs tudo a perder. Confesso que estava meio preocupado. Você no meio do ódio. Se segurou, sentiu e brincou com os sentimentos baixos. Usou a raiva para se esconder, e não para se guiar. Diante do algoz, se fez pequeno; precisou brincar com o orgulho e com ele não quis casar. Depois vê o ódio do seu amor crescer e ainda assim soube

6 Zuela, do kimbundo, língua Bantu, significa falar. Nas tradições afrobrasileiras em especial as de origem Congo-angola significa cantigas sagradas.

perdoar e amar. Aprendeu a arte do sacrifício. Depois não se perdeu em culpas e melindres, choros ou soluços; buscou a sabedoria no processo, nas escolhas, no tempo e nos erros.

Os elogios de Exu me deixavam encabulado, ao mesmo tempo que me faziam feliz. Há anos não sabia o que era fazer algo certo. Creio que os últimos elogios que me restavam na memória era Mestre Gafanhoto falando de alguns movimentos. Os elogios, que poderiam me alavancar em orgulho, não me traziam o perverso sentimento; ao contrário, me faziam feliz, pois comprovavam que meu raciocínio estava no lugar correto. Cumprir uma missão, mesmo com erros, mas chegando ao fim dela, era uma satisfação. O temor de antes era substituído por um louvor e uma enorme gratidão.

– Salve, meu Pai, sua bênção. Não tenho como agradecer ao senhor e aos Orixás, só posso dizer que intensifico e ratifico meus votos de servidão ao Axé de Olorum. Obrigado por estar comigo, me amparar, me socorrer e me guiar ao Senhor e aos Orixás.

Bato minha cabeça em respeito e em fé. Exu ria e me levantava, me convidando para andar pelas ruelas de Salvador e pelas suas inúmeras ladeiras.

No sobe e desce, encontramos pessoas, casais, irmãos, famílias inteiras, adversários, brigas, contendas, bêbados e viciados. E ali sentia por todos uma enorme vontade de mostrar que perdemos muito tempo com coisas erradas, que valorizamos coisas sem valor divino e que, depois que o véu da morte se achega, não valerá de nada os contos de réis, nem os títulos, nem a cor, nem nada.

Exu lia meus pensamentos e ria, até que quebrou o silêncio:

– Esse pensamento é oportuno, porém deve aprender que tudo tem o seu tempo. Se eu lhe falasse como agir com sua mãe logo que desencarnou, teria entendido e cumprido? Não, com certeza, não. Os Orixás falaram para você fazer de um jeito e você fez de outro. Assim como eles, você precisou de um tempo. Precisou de lições, de provas e provações, intensificadas, é verdade, mas só porque passou por elas no tempo certo é que viu sua mãe e pôde ajudá-la. Aprendeu antes que é preciso amar a todos, pois do contrário o amor é cego e machuca mais que ajuda, aprisiona mais que liberta. Ao fazer os doentes acharem a fonte, ao ajudar os soldados, compreendeu o amor universal, só então estava pronto para ajudar sua mãe. Olhar para eles, encarnados, é, sim, saber que erram a maior parte do tempo, porém podemos ajudá-los de várias formas, sempre respeitando o tempo deles. E cada um tem o seu. O tempo só é atropelado quando os Orixás nos determinam algo, pois o tempo de Olorum é sempre soberano sobre o tempo dos filhos. Entre os filhos, o tempo de um deve ser respeitado tanto quanto o do outro.

A fala de Exu era precisa e acendia em mim mais ainda a gratidão. A força do Axé que corre o mundo em tudo tinha sempre uma forma de nos despertar, mesmo que tivesse que fazer isso várias vezes, respeitando o nosso querer e o nosso tempo. Era Olorum o perfeito.

– Pois então, você consegue ter raiva de algum desses pelo quais passamos nas ruas?

A pergunta de Exu era simples, mas sabia que me reservava algo mais.

– Dos que vimos, não, senhor, mas sabe lá como vou reagir em situações outras.

Exu dava gargalhada e me dizia:

– Que bom, então vamos para alguns lugares, que quero ver como está esse coração.

Como pensei, algo estava reservado. Queria saber um dia se havia resposta certa para dar a Exu.

25. A fazenda

Num novo clarão, somos levados para um lugar que eu desconhecia. Me parecia uma fazenda, mas muito descuidada. E havia fornos grandes, dos quais saía fumaça o tempo todo.

Exu me respondia:

– Aqui é um pedaço da enorme fazenda de um coronel. Aqui é a Bahia, e aqui a lei da abolição nunca chegou. Existem mais de uma centena de negros escravizados e explorados. Venha ver.

Meu sangue já dava sinais de que ia ferver. Como assim havia escravos? Quantos anos já se passaram da Lei Áurea e o danado de um coronel mantinha meus irmãos em cativeiro?

Exu gargalhava e respondia meus pensamentos:

– Este é um dos locais; são centenas e centenas de locais como este. Demorará muitos anos até isso não se repetir. A exploração mudará de nome e a escravidão será diferente, mas ainda perseverará.

A notícia me deixava muito consternado e irritado. Sabendo que ali seria mais uma provação, pedi a Exu:

– Meu Pai, podemos parar um instante? Há aqui pelas redondezas um local natural, árvores, um riacho, arroio que seja? Preciso antes rezar e cantar. Minha alma já entra em aflição e não quero desperdiçar a sua lição.

Exu dava gargalhadas e me conduzia por um pequeno caminho, um rastro, que, segundo ele, dava em um olho d'água. Chegando perto de um local com muito barro, sem muitas árvores ou mato, tinha um pequeno riacho que descia de um olho d'água.

A água estava esbranquiçada e com cheiro forte. Não sentia energia boa, sentia era um pavor, algo pesado e triste.

Exu me disse:

– Isso era um riacho pequeno e logo mais virava um rio de uns sete pés, mas a morte das árvores e o uso de muitos produtos para fazer o barro virar louça aqui destruíram a vitalidade. Aqui reinava Oxum, veja ali perto daquela pedra grande. Perceba que já foi sacralizado o local há muitos anos por seus ancestrais, mas agora não há Oxum que reine neste lodo fedido e destruído.

Ver os meus irmãos sendo maltratados era para mim a coisa mais difícil até então. Mas acabava de ganhar outra mais difícil: ver o templo dos Orixás destruído daquele jeito.

Vendo minha aflição, o guardião me diz:

– O que vê aqui, assistirá em escala muito maior em poucos anos. Precisa aprender a conviver com essa dor, pois verá e viverá um tempo em que todas as fontes de água de uma região inteira serão profanadas e sujas.

Minhas lágrimas não eram contidas, meu rosto se esquentava em dor. Sentia profunda tristeza, quase sem conseguir controlar.

Entretanto, sinto nesse momento um alívio, uma coisa quente e curativa em minhas costas. Me viro e vejo Oxum, uma visão linda em meio àquela perdição.

Me deito em reverência e gratidão. Oxum me ampara e me socorre, dizendo:

– Sim, aqui era um dos meus reinos, mais de sete gerações de negros vieram aqui fazer suas oferendas e pedidos. Amparei muitos de meus filhos, como faço com você agora. Apesar da destruição, estou em todos os locais, pois somos movimentos de Olorum, e não há nada em lugar algum que não seja de Olorum. Mesmo que esteja no pior lugar, se tiver fé eu estarei ali para amparar e socorrer. A energia do ambiente, porém, se carrega, se torna pesada e triste, contaminando as almas que aqui vivem. Por isso serão exigidas doses maiores e mais fortes de fé no futuro.

Agradecia a minha Mãe Oxum e pensava: como dose maior da fé? A escravidão e a tortura não eram provas suficientes? Meu Pai Xangô, abençoe a nós, pois muito se parecerá injusto.

Exu me levanta e dali caminha comigo a um lugar mais afastado. Era um cemitério que, apesar de tentativas de zelo, estava bem em ruínas.

– Aqui é o primeiro lugar onde os ancestrais seus foram enterrados nesta região. Aqui eram enterrados por quase cem anos os negros desta fazenda e de outras na região.

Bati minha cabeça e entrei no campo santo pedindo a Omolu sua bênção e louvando os ancestrais.

Sentia a energia que ali residia, as almas ainda cuidavam do local. Em um segundo vejo vários negros e negras, alguns vestindo indumentárias antigas de nosso povo africano, outros, como eu, com roupas de algodão cru bem puído. Vi os ancestrais ali, me curvei pedindo bênção e dando meus respeitos. Todos se voltaram para Exu e pediram bênção, porém em uma língua que eu sabia ser do povo banto. Depois se voltaram para mim e disseram:

– Seja bem-vindo, Beato. Que Zambiapungo possa dar a você muita paz. Nossos filhos e netos estão aqui, mas nossos herdeiros continuam explorados. Em nossas zuelas e orações a Mutalambô e a Matamba, os Inkices disseram que enviariam um jovem aprendiz para nos ajudar. Muitos aqui perderam toda a tradição e não cultuam mais os ancestrais, ou mesmo as divindades. Povos diferentes se casaram e aqui já não sabem se são bantos ou de Ketu, apenas sabem que são negros pela cor da pele, e não pela fé. Não há alegria nem festa. O que queremos é sua ajuda para mostrar isso a eles.

Olhava em volta e percebia que eram inúmeros. Sem medo, perguntei:

– Sua bênção, e me perdoem, mas por que não fazem vocês? Eu não conheço a tradição direito, sei algo pela capoeira, mas muito pouco, e vejo aqui reis de seu povo.

Um dos que pareciam rei me disse:

– Sim, somos herdeiros de cidades e nações. Alguns de nós só estão aqui porque Exu trouxe, pois estamos além do mar. Outros não podem sair do campo santo, pois ainda têm obrigações; outros não sabem. E, mesmo que soubessem, não são destinados a fazer isso. Não é que não queremos, mas não podemos. Exu lhe explicará que tudo tem uma razão, e faz parte de seus mistérios colocar quem deve ajudar junto com quem precisa. Estaremos, muitos, aqui para apoiar você, mas essa tarefa é sua.

Exu me pegava no braço e dali já estávamos em uma colina que não sei se era perto ou longe. Me mostrando o horizonte, me explicava:

– Muitas foram as tentativas ali, muitos falharam e talvez você falhe também, mas Oxum pediu que fosse você, e por isso será você. E isso a mim basta como explicação. Portanto, você deverá ajudar os negros. Fará com que, mesmo escravizados, sintam alegria de viver e aprendam a saudar os ancestrais e a lutar por suas vidas.

Minha memória de escravo era a pior possível. Como alguém ficará alegre em condição tão absurda? Como ensinar a acreditar em Deus naquele espaço tão doloroso?

Exu ria e me dizia que esse era o desafio, e continuava:

– A felicidade não existe no externo, não há tempo, dinheiro, local, condição para que ela exista ou deixe de existir. É condição da alma, e isso pode acontecer até na escravidão. Entre eles existe um homem que é feliz e ele está no outro lado da fazenda, na parte do canavial. Vamos lá e eu vou lhe mostrar.

Da colina chegamos a uma planície cheia de cana-de-açúcar a perder de vista. No canto, um moinho velho que trabalhava sem parar, fazendo a garapa e depois o açúcar e a caninha.

Dentro do engenho havia um senhor de pouco mais de 40 anos, mas que parecia ter 200, tamanhas eram as rugas e a curvatura das costas. Mal conseguia andar de tantas dores, e era ele que cuidava da fermentação e de alguns processos do engenho.

– Ele se chama Benedito – dizia Exu. – O acompanhe de longe, para que ele não saiba ainda de você.

Olhando seu Benedito por uma semana, não teve um dia que não rezou, que não entoou zuelas antigas. Algumas eram às vezes cantadas por Mestre Gafanhoto e ninguém conhecia. Ainda assim aquele homem, que nem era nascido na época do Mestre, estava ali reproduzindo cânticos cheios de mistério. Seu Benedito era empurrado, chamado de velho imprestável. Ele apenas reagia com respeito e mantinha o canto e o sorriso. A todo momento era interrompido por um ou outro pedindo receita para uma dor, uma doença, um conselho de amor, como lidar com a raiva, ou por questionamentos como: por que Zambi deixava aquilo acontecer?

Sempre disposto, falava, receitava ou mandava voltar à noite, pois a receita quem daria eram as almas do passado.

Mesmo quando um capataz via e o esbofeteava, pois não era ali lugar para negro falar, e sim trabalhar, ele mantinha a paz. E muitas vezes os capatazes, desesperados por seus filhos, pediam a Benedito uma receita e ele sempre dava sem perguntar ou impor condição. Teve até um que trouxe o filho pequeno que estava com febre alta há uma semana e os médicos diziam que ele iria morrer.

Benedito falou que ele estava assim porque viu que o pai andava de engraçamento com uma negra e escutou que ela estava esperando um filho dele e ele ameaçou matar a criança. Com medo de ver o pai um assassino, o jovenzinho resolveu morrer.

O capataz, sem graça e chorando, pedia o que fazer. Benedito o mandou chamar a negra e ali falou para ele aceitar o filho como adotivo e a negra entregar o filho a ele, pois assim o menino seria livre.

A negra concorda e o capataz também. A negra beija a fronte do menino em febre e o pobre abre os olhos agradecendo ao pai.

Tudo acontecia em naturalidade e paz. E mesmo assim era motivo de piadas e torturas e não perdia a fé nem o amor.

Olhando para Exu, conversei sobre vários pontos, mas perguntei duas coisas que imputo importantes para essa ocasião.

– Meu Pai Exu, por que doar a criança, afastar da mãe assim?

– Não lembrou você, Beato? Não era essa a coisa que sua mãe mais queria? A mãe, apesar de amar o menino no seu ventre e amar o capataz, preferia, por puro amor, se ver afastada a ter o próprio filho escravo. E você verá que ainda existem motivos, que não posso adiantar, que farão dessa situação uma solução ainda mais sábia.

Continuando a perguntar:

– As pessoas não têm medo do Seu Benedito? Ele ajuda, faz magia, cura, e os capatazes não têm medo que ele dê um sossega-senhor neles?

– Não, pois já tiveram no passado e descobriram que ele nunca faz mal a ninguém, ele mesmo fez questão de mostrar isso. Portanto, não há o que temer do negro velho. Certo, porém, que a Lei virá cobrá-los depois. Talvez eu mesmo venha a exercer o meu papel de agente da Lei, mas não será Benedito.

Pensando, perguntei por quê.

– Seria mais fácil com certeza, aos seus olhos. Mais rápido impor o medo. Porém, Benedito mostrará que o bem sempre é maior. Que Zambiapungo é o maior e que, se ele impor medo, não mostrará a maior força de sua fé. Será como um qualquer. Benedito diz que o bem mostrará no seu Tempo que vale a pena ser discípulo dos Orixás, de Zambi, e que isso inspirará muitos irmãos de cativeiro e fará muitos brancos aprenderem a respeitar a fé de negro. Você, Beato, assistirá ao desencarne dele, eu lhe garanto, e então verá o que lhe falo. Agora vamos para o outro lado, aqui eles já têm ajuda. Precisamos ir ao outro pedaço, pois lá é que está difícil.

26. O serviço da fé

As lições dadas por Exu nunca mais saíram de minha cabeça, tanto que estou aqui escrevendo esta novela. Marcaram meu caráter e minha alma, almejo todos os dias viver as lições e repassá-las com a maior fidedignidade possível.

Mais uma vez me pegando pelo braço e um clarão se fazendo no horizonte, fui levado em um piscar de olhos para a parte da fazenda com os fornos ardentes e com a natureza desolada.

Exu, me mostrando um carreador pequeno, me dizia:

– Logo os seus irmãos passarão por aqui, quero que, antes de qualquer intervenção, você os veja, os conheça.

Disse a Exu que tinha entendido, porém ele me olhou, me segurou e afirmou com toda a sua autoridade:

– Entenda que você está proibido de qualquer intervenção, conversa, pensamento, ação, qualquer coisa, sem eu autorizar previamente. Lógico, deixarei você sozinho aqui, cuide de sua retaguarda, pois há almas perdidas que rondam esses campos buscando escravos para o além da vida, são os kiumbas que precisam aumentar seus exércitos para escravizar os homens em dor e vingança. Observe bem, e mesmo com eles não faça nada, apenas se faça invisível. Para isso, controle seus pensamentos, tanto para uma intervenção beatificada quanto para uma impulsiva.

Afirmei novamente que havia entendido, e sabia que a preocupação de Exu quanto a minha pessoa era por ser eu um afamado desobediente, entretanto estava convicto, de uns tempos pós-morte, de nunca mais desobedecer ou não escutar os Orixás, ou os ancestrais, ou Exu.

Iria falar a Exu sobre algumas dúvidas como o tempo que iria permanecer ali, mas logo que me viro não o vejo mais.

Esperando o tal cortejo passar, fiquei em oração pedindo a Ogum que não me deixasse cair na tentação nem na explosão da raiva e da indignação. Após entoar uns pontos de Ogum, escuto em direção oposta ao nascer do sol um carro de bois, umas chibatas e os cascos dos animais castigando o solo seco. Aguardo mais um pouco e ali estavam uns vinte negros, entre eles uns dez meninos com pouco mais de 10 anos, e os demais não tinham mais de 30.

Pensei que todos já haviam nascido livres, não foram trazidos da África e ainda assim eram escravizados. Com os vinte, dois cavaleiros brancos puxando o povo todo e mais três outros a cavalo, que eram negros, rindo da situação de seus irmãos. Pensei serem mandingas, negros que eram usados no passado como capitães do mato, mas não, eram negros possivelmente de origem Benguela, dado o queixo e as sobrancelhas.

Eles foram os primeiros a castigarem os escravos com chibatas feitas de couro de vaca e com a ponta de rabo de tatu. Tive que respirar muito para não destruir meus pensamentos e segurar o que sentia por aquela cena. Porém, lembrando o Benedito, vi que mais que homens que castigavam aqueles senhores eram seres que aumentavam suas dívidas com a lei de Deus, afinal estavam machucando e derrubando filhos de Olorum com a simples vontade de ver o outro sofrer.

Os negros não sorriam, não conversavam e muito menos cantavam, havia uma tristeza horrível que pairava no ambiente. Segui a tropa, que era realmente um cortejo, pois só faltava o cadáver para completar a tristeza e por muitos dias o trabalho era assim, doído, triste e calado. As noites no cativeiro, sobre uma senzala em ruínas e malcheirosa, os negros não tinham tempo de nada, pois chegavam já com a lua e saíam antes do sol raiar. Sua alimentação era fornecida em um balaio que era preparado no dia anterior, um verdadeiro angu, e com o tempo e o calor muitas vezes azedava, e mesmo assim era tudo que possuíam para comer.

Em nenhum dos vinte e em nenhuma das doze negras que compunham a senzala vi sinais de fé, apenas tristeza e vontade de morrer e de matar. Entendia que era difícil ali ter outro pensamento, e imaginava como poderia ajudar a despertar os meus irmãos.

Escutando uma conversa de um menino com sua mãe, tive uma ideia de quem eram aqueles negros:

– Mãe, por que ficamos apanhando e trabalhando tanto? Tem negro que monta o cavalo e bate em nós. Por quê?

– Filho, nascemos assim, somos castigados por Deus. O padre diz que Deus faz isso com a gente para que possamos um dia merecer algum amor de Deus, e os outros nasceram melhor, pois Deus disse a eles que eles já tinham pagado.

– Mas eu nunca fiz nada, mãe, e quem é Deus?

Segundo o padre, é um homem velho, branco, que criou tudo aqui, e ele não gosta muito dos pretos, não, parece que o ofendemos por alguma razão. Então ele dá aos brancos poder para nos machucar e devemos agradecer, pois um dia podemos merecer o amor desse homem branco chamado Deus. Nascemos aqui, seus avós nasceram aqui, sua avó dizia que a bisavó dela tinha vindo de outro lugar em que Deus não mandava, apenas os negros podiam viver e eram felizes. Diz que lá se chamava Luanda e que um dia nós iríamos voltar para lá.

O menino, sem entender nada, mas com a certeza de que não gostava daquele Deus que os punia, ficava sem referência em que ou em quem acreditar, devia apenas aceitar aquele fardo e nada mais.

Faltava ali esperança, sequer sabiam quem eram os Orixás, Inkices, nada; a ancestralidade apenas era referência por uma ou outra história. Mesmo a ideia de que seus antepassados viviam em Luanda e lá eram livres não lhes mostrava algo, apenas um conto, uma lenda, talvez uma mentira.

A desesperança daquela criança e o conformismo cansado que pairava me deixavam profundamente angustiado. A provação seria mais difícil do que poderia imaginar. Primeiro, antecipadamente, acreditei que a maior dificuldade seria ver a violência contra meu povo e nada poder fazer. De imediato me deparo com a agressão contra a natureza e os templos dos Orixás. E agora aquilo: a violência contra as almas, deixando-as inertes ante a falta de caminho para a iluminação.

Observei que nem mesmo a presença de padres da Igreja dos brancos era vista, simplesmente eles eram trabalhadores de carga e nada mais, sem nenhuma questão além disso. Eram, portanto, piores que animais domésticos como os burros, cavalos, gado em geral.

Sem muitos recursos ali, resolvi visitar os capatazes, em especial os brancos que chefiavam a agressão aos negros escravizados. E um a um percebia que também eram molestados psicologicamente todos os dias pelo chefe dos serviços, chamado apenas de Nhô menor.

Era um sujeito meio mestiço, porém de cor de pele bem mais clara que a dos demais mulatos que já conhecera em minha vida. Diziam ser ele neto de escravos e que a sua avó tinha conquistado o coração do pai do coronel, acabou virando mucama e servia aos prazeres noturnos do antigo chefe e dono daquela fazenda.

Grávida, o antigo senhor aceitou que o filho daquela união não tivesse o mesmo fim dos demais escravos e deu a ele alforria e o empregou em serviços caseiros, como fazer compras nos mercados, cuidar dos cavalos do coronel.

Ele acabou se engraçando com uma filha do feitor, que, mesmo muito contra a sua vontade, teve que aceitar a união por imposição do coronel antigo, e desse romance nasceu o Nhô menor.

Nunca sorria, e diziam ter ele mesmo matado seu pai de carne por ter batido na sua mãe. Não havia nunca um humor, um jogo de cintura, nada. Já deveria ter seus 40 anos, mas nunca havia casado e cuidava de sua mãe, uma senhora já idosa. Os dois viviam em uma pequena porção de lote de terras que haviam recebido de herança de seu avô, o antigo coronel daquela fazenda.

Porém, sempre teve dissabores com o atual coronel. Parece que o coronel quando menino não gostava do carinho que o avô dispensava ao negro mais claro. E por isso sempre armou emboscadas e presepadas para Nhô menor. O neto bastardo soube tolerar a competição e, sem querer aparecer, mantinha sua fidelidade ao coronel. Logo que o antigo dono morreu, aquele menino que não gostava de Nhô viraria o dono, mas o destino havia arrumado as coisas para ele, pois no dia em que o atual coronel iria mandar Nhô menor embora, uma cobra o picou, e o único que prestou socorro foi Nhô menor, que acabou por salvar a vida do coronel. Desse dia em diante, o coronel soube valorizar a fidelidade do sobrinho torto e bastardo.

Me grudei nesse tal Nhô menor, para mim um homem que não sabia suas raízes e que, mesmo tendo contato com o mundo da cidade e, portanto, sabendo que a escravidão havia terminado, não se importava em conduzir com chibata e ferro quente aquela senzala criminosa.

Mantendo meus pensamentos sob controle à custa de muitas rezas e cântico, acompanhei o rapaz.

27. O feitor e a esperança

Devotado a sua mãe branca, zeloso e bastante carinhoso, não perdia tempo em nada, ia do trabalho para sua chácara e lá cuidava de pequena horta e roça, dividindo o tempo da enxada com os cuidados de sua mãe doente.

Me aproximei por aquela senhora e vi que sofria de uma doença nos pulmões, o que mais tarde fiquei sabendo ser a tal tuberculose.

A senhora era humilde e rezava muito para a mãe do menino Jesus, e a única exigência que fazia ao filho era que uma vez por mês pudesse ao menos confessar e receber a comunhão de um padre.

Portanto, uma vez por mês Nhô buscava o padre Bento, um senhor de mais de 60 anos, muito disposto e cheio de vontade de ajudar seu rebanho de fiéis. Não gostava nada de negros, em especial daqueles que haviam se misturado com as pessoas de bem, que, segundo ele, eram os brancos. Afirmava que preto com branco não era divino.

Porém, por motivos que eu ainda não entendia, nunca se recusava a ir visitar a mãe do Nhô menor.

Pensei que a vinda do padre seria uma oportunidade e descobri que ele iria chegar dali a uns dez dias.

Enquanto o padre não chegava, passei a sondar os pensamentos e devaneios daquela senhora que tossia dia e noite. Descubro que entre os motivos que faziam o padre chegar era que o tal Bento era apaixonado pela mulher e que só não ficaram juntos porque o coronel antigo havia exigido que a moça casasse com o negro, que era seu filho.

Portanto, ali, sim, havia esperança de balançar as estruturas daquela senzala criminosa.

Mantive a vistoria de perto, acompanhando os envolvidos, e entre uma visita e outra consegui junto a Nhô ir visitar o coronel, o dono daquele lugar de horrores.

Em uma casa gigante e bem montada, cheia de servos para satisfazer os inúmeros caprichos do coronel, estava um homem idoso, gordo e bem suado que era dono de tudo.

O coronel já preparava a sucessão, entregando tudo ao filho mais velho, que era sua paixão. Junto dele havia mais três filhos, porém o coronel sequer os olhava, tendo a atenção apenas para Gustavo, o seu primogênito. O rapaz, de uns quase 30 anos, era a cópia do pai com traços de crueldade superior, pois dizia a todos que, se alguém da nova República chegasse ali para libertar os animais negros, iria matar todos um a um e mostrar que animal é tratado assim. Com a aprovação e os aplausos de seu pai, havia planejado isso para o iminente dia em que ocorreria a chegada dos homens da lei.

O coronel chamou Nhô para uma conversa secreta e com eles fui. De imediato algumas entidades menos iluminadas, mais sombrias que o breu, quiseram me parar. Apenas disse que estava ali para cumprir a missão dada pelo tinhoso para o negro branco que precisava aprender uma lição. As entidades riram e gostaram da mentira e por isso acabaram por me permitir ingressar em seleta conversa acompanhada de entidades de horríveis feições e corações amargurados.

A conversa tratava de calar alguns comentários de dois capatazes em uma bodega na cidade. Os comentários levantavam suspeitas sobre a escravidão na fazenda do coronel. O velho senhor dizia que Nhô deveria matar os dois sem deixar pistas, pois esse era o castigo de quem o traía, e que ele, o coronel, queria que o próprio Nhô cumprisse a tarefa.

Sem muita saída, o rapaz mestiço aceitou a encomenda e saiu da sala cabisbaixo. Eu, por acreditar que havia mais naquele conto, permaneci. Logo Gustavo se aproximava e falava com seu pai. Combinavam de fazer uma emboscada para Nhô menor. Depois que o mulato matasse os dois capangas, iriam assassinar Nhô, mostrando que ele era um traidor. O plano era que Gustavo aparecesse bem na hora, pintado como herói para os capatazes. Seria um plano perfeito, e se livrariam do negro metido que pensava ser algo mais que um animal, comentavam os coronéis e as entidades sombrias. Os dois riram e tomaram uma cachaça e fumaram uma espécie de charuto.

No fundo, não me importava muito com aquilo, afinal ali era bandido preparando armadilha para bandido, senhor de escravo preparando tocaia para feitor, e por isso não tinha muita piedade. Mas logo pensei que daquela cena poderia armar algo para pôr fim na escravidão e, portanto, tinha duas frentes prontas: a com o padre e a com os coronéis e o assassinato.

Saía da casa grande e ia em direção à senzala para verificar outras situações, quando Exu me faz vista em cima de um pé de caju.

– Salve, Beato. Agora então vai dar uma de princesa? Vai conduzir a alforria dos escravos da fazenda?

Saldei Exu com carinho. Percebi que estava agindo errado, por isso me curvei e pedi:

– Meu Pai, se eu estiver fazendo algo errado, por favor, me mostre, não quero descumprir minha missão nem fazer algo contra a sua vontade e a vontade dos Orixás.

Penso que, antes de eu concluir, Exu descia da árvore em uma cambalhota aérea e me pegava no pescoço e, olhando diretamente em meus olhos, dizia:

– Qual a sua missão principal aqui? Quem lhe pediu para encontrar maneiras de libertar esses negros? Como você pode acreditar que um assassinato é justo e aceitável? Quem é você, Beato? Quem é você?

A firmeza e a voz imposta alta e saindo de todos os lugares em minha volta davam a certeza de que tinha errado, e muito.

– Maleime, meu pai, acreditei que, libertando o povo, iriam encontrar paz e felicidade e então estariam mais suscetíveis a buscar os Orixás.

Exu se mostrava insatisfeito:

– Por isso você erra tanto, porque acredita ser melhor que os seus irmãos que estão no cativeiro. É melhor que o Coronel? É melhor que Nhô menor? Se assim pensa, não aprendeu nada e não é digno de estar aqui. Vou lhe dar uma chance, e apenas uma. Até amanhã bem cedo reflita e refaça os seus afazeres. Busque lembrar qual a razão do Benedito ser feliz, e então me diga o que pretende fazer. Vou pensar se deixarei você aqui mais algum dia.

Desaparecendo no ar e deixando no rastro alguns safanões morais, percebia mais uma vez que não sabemos o que é melhor para os seres, somos apenas instrumentos dos Orixás, e minha petulância mais uma vez me afastava de Olorum e de seus desígnios.

Ali perto da casa grande busquei algum lugar para sentar e logo vi um pomar de bananeiras. Sentei bem embaixo de uma. Olhei para o céu me recordando de mainha, dela me ensinando a servir os Orixás e ser livre. Fiquei por horas tentando entender meus erros e o porquê de não poder libertar aquele povo.

Não sei se cochilei ou se simplesmente pisquei mais demorado. Ao abrir os meus olhos, uma entidade muito velha se sentara em um pedaço de toco de árvore em minha frente. Lentamente aquele ancião olhava o vento e apreciava as bananas, ainda verdes, a caírem da árvore e ficaram acima do coração púrpura da bananeira.

Não me assustei, pois era nítida a certeza de que aquela alma velha era um ancestral dos negros, a sabedoria exalava por ele.

Disse-lhe:

– Sua bênção, motumbá.

– Que os Orixás o abençoem, Beato, filho de Nagô.

A voz fina e certeira me mostrava que seria eu abençoado por receber a ajuda daquele velho preto.

– Há muitos anos, onde hoje você vê Benedito, vivi. Fui escravo dos bisavós do antigo coronel dessas bandas. Um dos momentos mais difíceis de minha vida na Terra. Mas foi aqui, neste lugar de tormenta, que aprendi a louvar os Orixás, a receber Olorum em meu coração. Aprendi a nunca me sujeitar à escravidão. Quanto mais me batiam, mais me torturavam, maior ficava minha fé. Ensinei muitos a manterem suas rezas, estive junto aos avós e bisavós daqueles nossos irmãos de cativeiro. Lá você vê negros mais prontos para a louvação, não é verdade? Aqui eles trouxeram como castigo apenas os escravos rebeldes e sem crença, pois eram indomados e, após muito chicote e açoite, acabaram por se sujeitar à escravidão; e não tinham nada mais, pois eram apenas corpo, não tinham alma.

A história daquelas bandas continuava, enquanto sentia a doçura e a paz daquela alma bendita:

– Aqui ficaram os escravos que deixaram suas almas escravizadas, e não apenas seus corpos. Você acredita que se eles forem libertos do corpo encontrarão os Orixás? Os antepassados? Você acredita que irão querer viver como negros ou como brancos? Olhe para eles e me diga.

Naquele momento estávamos já dentro da senzala e já era noite alta, quando todos os negros estavam recolhidos e deitados lamentando o dia exaustivo nas fornalhas e no barro. Nenhum deles mantinha uma chama em seu interior, apenas ódio e desesperança; não havia réstias de amor, de louvor, de fé ou coisa parecida.

Um homem muito forte se levanta e diz em voz baixa:

– Escutei hoje um dos capatazes dizer que a escravidão acabou e que nos mantém aqui contra a lei. E que um deles iria conversar com o juiz e tudo poderia acabar. Estavam preocupados.

A conversação se deu em tom de animação e de planos para fugirem e buscarem ajuda. Diziam ao final:

– Os brancos nos reconheceram. Iremos viver igual eles agora, vocês verão.

O velho ancião olhava para mim e dizia:

– Por que você acha que iam querer permanecer negros? O que nos faz pretos, meu filho, é a fé. Negro sem fé é branco pintado de carvão. Não acredite que o mundo mudando sozinho muda as almas. São as almas que devem mudar para o mundo mudar, e não o contrário. Sua tarefa dada por Exu é acender a chama dos Orixás, pois, ao se verem livres, esses negros irão sofrer ainda mais, terão a ilusão e depois a desilusão da liberdade. Você sabe que não somos livres, só seremos daqui a alguns séculos. Até lá haverá muita perseguição e sofrimento. Eles devem entender que o mundo não mudou, mas que eles precisam mudar.

Olhava admirando o ancião e sentia que a desilusão era minha, pois não sabia o que fazer, como olhar para aquelas criaturas e despertar algo nelas. Pedi então:

– Meu senhor, me ajude, sou incapaz de resolver isso sozinho. Não encontro saída. Não sei como trabalhar, como ajudar.

– De todas as lendas e de toda a vivência sua, Beato, o que mais se mostra forte na fé do seu povo? O que tornava o seu Ilê uma família, e não uma senzala?

A pergunta me remetia a poucos anos atrás, e disse:

– Comungávamos da mesma fé, um ajudava o outro, tudo era coletivo, nada se fazia para prejudicar o outro. Os Orixás determinavam a nossa união, a nossa solidariedade. Os Orixás dançavam juntos e se abraçavam no Ilê para mostrar que deveríamos fazer o mesmo.

O velho preto sorria e me dava um abraço, terminando aquela conversa:

– Então você sabe como fazer, não sabe?

E desapareceu sem deixar nenhuma pista, apenas cheiros de flores e de café permaneciam no ar. Chorei de emoção e gratidão, desejei muito que um dia pudesse reencontrar aquele ancestral para prestar minhas homenagens e gratidão, ao que me foi respondido no ar com:

– Em breve, muito em breve.

28. Mudando os rumos na fé

Olhei para os negros ali e pedi a Oxum que me ajudasse a plantar a solidariedade, o amor fraternal naqueles irmãos de senzala. Uma negra toda molhada, cheia de conchas e algas, se fez em minha frente e me disse:

– Sou a Cinda das águas doces. Esses são meus filhos, sou a Oxum desse povo, estarei aqui para molharmos a terra seca da desesperança e da solidão com o mais puro amor de Zambi.

Todos imediatamente pegavam no sono e em magia a Cinda dava a eles gotas de suas águas e suas almas eram desprendidas e vinham em minha direção.

Estavam como fantasmas, sem nada para fazer e perdidos.

Conversei com eles, mostrando que a vida continua, que eu era igual a eles e que aprendi a viver em espírito. Afirmava que a alma é eterna e que todos ali deveriam entender que sem fé nada adiantaria.

Porém, ninguém me entendia e não paravam. Andavam perdidos na grande sala que se formara ali.

Dei um grito muito alto e caí em solo, como desmaiado.

Nenhum deles se voltou a mim, como se eu sequer existisse. Resolvi então pegar um a um e conversar sobre seus medos e angústias. Conhecendo cada um das dezenas de negros ali, montei um plano para que nos próximos dias ajudassem uns aos outros, essa era a minha esperança.

Já de manhã Exu estava à minha espera logo após os irmãos serem levados a mais um dia de labuta.

– Salve, meu Pai, creio que a minha forma seja plantar a solidariedade entre eles. E...

Exu me interrompia e dizia:

– O plano é bom e interessante, acerta na fidelidade, porém na forma erra, pois você não terá esse tempo todo. A emboscada dos capatazes acontecerá em três dias, e Nhô será assassinado nesse mesmo dia e logo depois todos aqui serão mortos em uma fornalha para não deixar rastros. Não temos esse tempo. Refaça a sua estratégia e se lembre: em três dias eles serão assassinados, esse é o seu tempo. Dê a eles esperança e alegria para viverem.

Era impossível. Não saberia cumprir. Chorei de medo, de preocupação e de incapacidade. Corri até o cemitério e lá clamei ardentemente pelos ancestrais. Dizia, entre um choro sentido e uma reza, que os herdeiros deles estavam em risco de vida e eu não sabia o que fazer.

Muitos apareceram e aquele mesmo velho que me ajudara outra hora estava ali e me chamou para me sentar em roda com os demais ancestrais.

– Beato, a morte é mais uma ilusão, eles morrendo ou não, não nos faz diferença, o que nos preocupa é como vão estar prontos para nos verem. Queremos que regressem ao berço de Luanda, sejam gente de novo, cheios de fé e esperança, mortos ou não, isso é indiferente, não acha?

A lógica era cristalina, todos ali como eu estávamos mortos em carne, mas estávamos ali, bem, porque amávamos nossos ancestrais e os Orixás; tínhamos fé, solidariedade e amor.

– Meus senhores, meus pais, não serei capaz de resolver isso, não sei como fazer em tão pouco tempo. Me acudam!

O mesmo ancião, sorrindo e me pegando no ombro, me disse com calma:

– Claro que você não é capaz, nunca foi e nunca será.

Todos os anciões riam em forma de carinho. E eu não entendia nada. Continuou:

– Quem pode fazer algo sempre é Deus. Sempre são os Seus movimentos, os perfeitos Orixás. Nós somos apenas um dos meios pelos quais Olurum trabalha seus filhos. Você erra porque sempre acha que você é quem fará ou deixará de fazer, ouvir os Orixás não é só cumprir as ordens, é entender que a vontade deles é soberana e perfeita e a nossa é viciada com erros e paixões. Não haja em seu nome, e nem por você, e nem mesmo pelo seu amor, o faça como instrumento dos Orixás. E então terá um exército inteiro junto.

Agradecia aos anciões e, olhando para as catacumbas, não os via mais.

Ajoelhei e, pegando a terra dura ali, chamei o mestre Omolu, pedindo ao senhor dos mistérios ajuda. Pedi a Ogum, a Oxóssi, a Xangô e me coloquei como instrumento. Para isso me deitei em uma cova, mostrando que ali morria a minha forma de pensar, a minha maneira de agir, pois queria apenas servir a eles, e queria muito ajudar aqueles irmãos negros, muito mesmo. Afinal, o sofrimento deles me machucava.

Logo vários Orixás se faziam presentes e me davam ânimo, em seguida os ancestrais e aquele velhinho, que perto de mim resumia:

– Estaremos juntos, porém a missão ainda é sua. Não queira passar para nós, ela foi dada a você por Exu. Somos o suporte. E, me permita dizer, não sofra. O amor verdadeiro não sofre. Lembre-se de sua mãe, o amor de paixão nos leva a ir contra tudo, até contra Olorum, e o amor verdadeiro nos leva a Ele.

Em marcha de Axé, aquelas centenas de almas e forças dos Orixás, as forças da natureza, rumávamos para os negros desesperançados.

No caminho avistamos um cavalo e um homem sozinho conversando ao vento, era Nhô menor, que não queria machucar ninguém com a morte, mas não via outra maneira. Os anciões me disseram:

– Quem é ele? Você sabe? É um feitor, é um negro ou é um branco?

Olhava para eles e queria responder que era um feitor, e branco. Porém, olhando para o rapaz, via um escravo. Escravo, pois não poderia decidir outra coisa senão cumprir a ordem de um coronel malvado. Tinha medo de perder sua mãe e sua chácara e de ser posto na senzala. Ele era, na verdade, um escravo sem esperança também.

Cheguei perto dele e percebi que, apesar dos erros, ele cumpria ordens por medo e por não ter opção, e comecei a amar aquele espírito. Chegando mais próximo dele ainda, ele levou um susto:

– Quem é você? De onde surgiu? Aqui são terras do Coronel Ezequiel e ninguém pode aqui ficar.

Percebi que ele podia me ver e a ele me dirigi:

– Calma, Nhô, sou apenas uma alma penada, como você diz. Não sou deste mundo, mas do outro, o mesmo mundo para onde quer mandar dois homens.

O rapaz palpitava o coração em acelerado batimento e, sacando seu facão, cortou o ar querendo me acertar.

– Agora que vê que sou uma alma, podemos conversar?

O homem corria de um lado para o outro tentando rezar como sua mãe e não conseguia.

– Calma, sei que você não quer matar ninguém, sei que tem medo e que ama sua mãe, porém estou aqui para ajudá-lo. Você não é obrigado a fazer nada. Tudo que o mandaram fazer o tornou um escravo, infeliz. Não sorri, não acredita em nada, nem mesmo na vida. E algo lhe diz que alguma coisa ruim acontecerá nessa missão do coronel, não é verdade? Você matou seu pai em um momento de defesa, ele não está bravo com você e nem nós, seus ancestrais. Estamos preocupados, isso sim. Você não sabe quem é. Se é negro, branco ou o quê. Você é um filho de Deus, e isso basta, mas não perca suas raízes.

Nhô, desesperado, monta no cavalo e em disparada sai na direção do cemitério. O lugar ficava atrás da capela, perto da casa grande, e para lá vamos nós.

Perto do fundo do campo santo, um jazigo modesto era a morada dos restos de seu pai. O homem chorava e não conseguia parar. Peço a Omolu se poderia contatar o pai dele e sou prontamente atendido. O homem, ainda em roupas estranhas, dizia que estava em recuperação, mas que ouvira o chamado e estava pronto para ajudar.

O coloquei bem em frente a Nhô e ele, olhando para o filho, dizia:

– Me desculpa, filho, a bebida me estragou. Me desculpa, não queria fazer você nem sua mãe sofrer. Não me perdoo pelo que fiz, mas o que mais me dói é saber que você sofre por defender sua mãe e me matar. Eu que te fiz fazer isso. Perdão, meu filho, perdão.

As lágrimas eram coletivas, a sinceridade dos sentimentos ali era palpável, e tanto Nhô como seu pai choravam, seguidos por mim, que me emocionava no reencontro com alegria.

Intervim e disse:

– Nhô, seu pai está aqui para te mostrar que somos filhos de Deus, dos Orixás. O coronel planeja matar todos os negros. Ajude-os a entender a vida.

Nhô não me escutava, apenas chorava e não nos via mais.

O ancião, que tudo acompanhava, amparava a alma do pai, enquanto me dizia:

– Não se preocupe com a morte, e sim com o espírito. Você agora plantou o perdão em Nhô, ele agora tem a semente da fé. Continue nisso.

29. Intervindo em nome de Olorum

Me ajoelhei e chamei Ogum para que me fizesse seu servo, e logo estava na garupa do cavalo de Nhô. O feitor galopava aos prantos para as fornalhas onde iria ver os capatazes, cumprindo seus deveres.

Chegando lá, apeia do cavalo rapidamente. Enquanto conversa com os subordinados como se nada tivesse acontecido, há um grande estrondo. Uma das fornalhas havia desabado e lá dentro dois negros ficaram presos.

Nhô menor manda todos ajudarem, mas os capatazes riam, dizendo que eram dois a menos e que o coronel havia determinado que não parassem as tarefas por nada, muito menos por dois negrinhos. Nhô tira o chicote, o estala em direção aos capatazes e manda obedecerem, sacando sua arma em ameaça. Ordena a todos os negros que parem e determina que todos podem ajudar.

No horizonte vinha Coronel Gustavo, que, vendo a situação e se informando, não permite que ninguém ajude e em deboche diz:

– Nhô, se isso é importante, faça você sozinho, e eu ficarei aqui olhando.

Sem perder mais um segundo, Nhô menor pega uma enxada e crava nas costas do monte que era antes uma fornalha, gritando para os dois negros terem calma, que ele estava fazendo esforço para resgatá-los. Os capatazes riam, pois queriam se vingar sempre de Nhô, e os negros escravizados, que sempre odiavam Nhô, o admiravam, sem entender a busca por salvar negros.

Sem parar, Nhô escavava e gritava, rezando a Deus para ajudá-lo. Me aproximei e, vendo como estava, as almas embaixo, soprei no ouvido de Nhô que o melhor lugar não era aquele, ali havia muita terra, e que seria mais fácil a oeste, pois ali estava fina a terra.

Nhô, me ouvindo, começa a escavar do outro lado e logo pega a perna de um dos negros que ali estava com sua enxada e verte sangue. Mas, sem se perder, começa a puxar, sem conseguir muita coisa. Um dos negros, aquele bem forte de outro dia, para os afazeres e vai ajudar Nhô. Juntos, puxam e conseguem salvar um dos negros, mas a punição ao negro é violenta e logo Nhô estava sozinho de novo.

O feitor não esmorece. Nós, os ancestrais, mantínhamos Axé em suas costas, e pouco tempo depois consegue pegar o outro negro, já sem vida. Nhô começa a chorar. Uma mistura de sentimentos. Pega seu chicote e estala com força em direção a Gustavo, seu patrão, dizendo que o coronel iria saber que deixou um dos escravos morrer e o outro se ferir.

Gustavo ria e dizia:

– O coronel agora sou eu. Meu pai acabou de viajar e não volta mais. Aqui você agora é meu Nhô. Estou te estranhando. Está ficando louco?

E todos riam. O Coronel Gustavo agora lembrava:

– E não esqueça o nosso combinado, e nunca mais em sua vida me desobedeça, pois vou acabar com você e sua mãe. Me ouviu, seu preto de...

Como castigo, Gustavo mandou os homens levarem o cavalo de Nhô e determinou que ele levasse o negro ferido nas costas sozinho e atasse fogo no corpo do morto, pois havia dado prejuízo. E, se o outro não ficasse de pé no outro dia, mandaria matar o inútil preto.

Alguns capatazes seguiam com Gustavo e os demais ficaram para cumprir as ordens.

Nhô olhou para eles e disse:

– Não me olhem assim, desçam daí e venham me ajudar agora.

Um dos capatazes, entre risos, mas com certo medo, respondeu pelos demais:

– Nhô, me desculpe, mas o patrão mandou o senhor fazer sozinho, e acho que amanhã o senhor não será mais feitor nem nada, quem sabe volte a ficar como sua avó e passe a viver na senzala, onde é seu lugar.

Nhô os ameaça. Um deles apeia e vai em direção a ele, que com dois golpes, inspirados por mim em seu cangote, põe o insolente capataz para dormir. Olhando os demais, manda que todos voltem para a fazenda e avisa que ele iria levar os escravos.

Com medo e rindo, pois acreditavam que os escravos iriam matar Nhô, os capatazes foram na frente para informar Coronel Gustavo do ocorrido. Mas levam com eles os cavalos e alguns negros. Permanecem Nhô menor com os dois negros, o morto e o ferido, e mais sete negros brutos que odiavam Nhô.

Olhando para eles, Nhô disse:

– Agora não é hora de raiva nem nada, vamos enterrar esse aqui no cemitério antes que o coronel venha, assim não fica uma alma penada. E depois levamos o Moacir para a senzala e tratam dele lá.

Os negros olhavam com raiva para Nhô. Queriam aproveitar a situação para se vingar e já estavam prontos para cometer a fria vingança, quando eu sopro no ouvido de Nhô e ele repete:

– Vocês vão me matar, eu não vou sequer impedir, mas e daí? Vão todos morrer e nada vai mudar. Eu não vou mais aceitar os erros, daremos um jeito de melhorar as coisas aqui. A propósito, é possível o Moacir andar amanhã?

O negro machucado diz que não, pois, além da enxadada, a outra perna estava prejudicada; a terra quebrou a perna.

Eu tive uma ideia. Soprei aos ouvidos de Nhô, que repetia a intuição:

– Você, Cremildo, pega o Moacir e com ele se embrenha no mato em direção ao canavial. É uma caminhada de dois dias, mas, antes de chegar lá, tem um paiol velho, ali você poderá descansar. Eu vou dizer que vocês foram para o outro lado. De lá você vai em direção ao rio, e de lá você chega em três ou cindo dias na cidade. Se eles pegarem vocês, matarão os dois, e se Moacir ficar aqui matarão ele. Você vai?

O negro, analisando a oportunidade de fugir, disse:

– Eu chego na cidade e lá me prendem e me matam.

– Não, lá a escravidão acabou. Só aqui ela ainda continua; lá não vão falar nada, acredite – falou Nhô.

Apesar de todos estarem desconfiados, Nhô continuou o plano:

– Vocês me ajudarão a enterrar o corpo do negro morto e abriremos outra cova. Ali enterraremos pedras.

O objetivo de Nhô era enganar o coronel o fazendo pensar que ele havia matado Moacir e um dos negros havia fugido.

Todos concordaram com a história, porém os demais queriam ir também em fuga. Me aproximei de Nhô e a ele contei a intenção dos negros.

– Pelo menos um de vocês deve ficar aqui comigo e os demais podem fugir, mas antes de irem me batam com força, para que acreditem que me dominaram.

Eles conversavam entre eles com a ideia de matar Nhô e fugirem todos. Mais uma vez me aproximei de Nhô e disse para repetir:

– Se vocês me matarem, irão buscar vocês pelo rastro e não por onde eu apontar, e ainda hoje todos serão castigados ou mortos. Não precisam acreditar em mim, mas não sejam burros.

Elias, o mais velho dos homens, diz:

– Ele tem razão, não entendo por que está nos ajudando, eu fico e vocês vão. Corram.

Os homens conversam de novo e se preparam para espancar Nhô e eu peço a Xangô piedade, que não queria ver aquilo, pois todos sofreriam, e pedindo com força apareço a todos os negros e eles se arrepiam:

– Todos estão perdidos, os Orixás e os ancestrais gritam a vocês, e ainda assim não escutam. Nhô foi tocado por Mutalambô, e ele é pai de vocês e diz que não esqueçam as histórias do velho Armando, todos aqui já ouviram essa história e então não esqueçam.

Do nada aparece a eles e a mim um velho altivo que se denominava Armando. Rindo, conversou sobre esperança. Após as bênçãos do ancião, apenas um deles dava a Nhô feridas para justificar a fuga e rapidamente levavam Moacir ferido mato adentro.

Ainda no chão, antes de se levantar, Nhô via os capatazes. Vinham correndo em direção ao cemitério antigo. O negro tentava ajudar Nhô a se levantar, mas os capatazes chegaram e com uma facada interromperam a mão do negro escravo. Com um golpe, feriram de morte o escravo.

Nhô se levanta e fala:

– Ele foi o único que me ajudou, os demais correram para lá, em direção ao morro. Corram e peguem eles, seus imprestáveis.

Nhô se curva e escuta os últimos suspiros do irmão negro:

– Obrigado. Morro agora, mas me lembro de Zambi. Obrigado.

O espírito era ali renascido, enquanto Nhô tentava entender todo o ocorrido e via os capatazes irem em direção contrária à fuga. Longe dos olhos dos capatazes, Nhô limpava a trilha. Logo que ouviu os cavalos retornarem, desmaiou de mentira esperando socorro.

Acompanhava tudo com entusiasmo, quando vejo Exu se aproximar e dizer:

– Seus serviços acabaram agora. Vamos embora, os ancestrais cuidarão do resto.

Eu tentei argumentar:

– Mas, meu Pai, eles estão precisando de ajuda.

Exu, me pegando, me tirava dali dizendo apenas:

– Cada um faz seu papel. Saber o que irá se suceder não lhe compete, o resultado de nossa ação a Olorum pertence.

Antes de sair dali, o ancião me abraça e diz:

– Um aprendizado de cada vez. Você plantou a fé e a solidariedade, obedecendo aos Orixás, falou por sua boca palavras que não eram suas, emanavam do Orun. Siga esse caminho e em breve trabalharemos juntos.

Não via mais nada, apenas o clarão em que Exu me transportava para outros locais.

30. Ser um Orixá

Tentava me restabelecer de todo o processo vivido, em especial o de compreender e aceitar que devemos deixar sempre a ação como nossa única fonte de certeza, dando o resultado a quem pertence: Deus. Estava em oração para meu restabelecimento, pedindo aos Orixás que abençoassem o local onde estava até pouco tempo atrás.

Sinto a presença de Exu. Me viro e lá estava o senhor das encruzilhadas a me espreitar e a sorrir de mim. O saúdo e pergunto como posso servi-lo, ele me responde:

– Pois vejamos, Beato, em que situação vou colocá-lo para ver o que você vai fazer? Como vou me divertir? Você acha que é assim que decido as coisas?

Olhando para ele com respeito e tendo a certeza de que ali existia muito mais que uma visita de cortesia, me ajoelhei e disse:

– Perdão, meu Pai, se em algum momento deixei transparecer

tal assertiva. Não é verdadeira a sua colocação, creio que vós atendeis aos chamados divinos dos Orixás.

Exu ria e voltava a me perguntar:

– Sim, é verdade que eu obedeço aos Orixás, você já me disse, e então quer dizer que eu faço as coisas com você contra a minha vontade? Que não gosto de fazer você ir para alguns lugares e trabalhar em nome dos Orixás? Quer dizer que eu acho enfadonho o serviço dado a mim?

Entre risos e feições mais sérias, percebia que deveria usar de todo o meu cuidado nas respostas.

– Meu Pai, me perdoe, sou muito simples e ignorante para isso, seria incapaz mesmo se tentasse lhe dizer algo assim. Confesso que não conheço sua vontade, porém o vejo sempre feliz e bem, portanto deduzo que não faz coisas contra a sua vontade nem vê suas tarefas como tediosas ou chatas.

Exu saía de sua posição em cima de um pequeno toco de árvore deixado no caminho e se aproximava mais de mim, dando voltas ao meu redor.

– Não conhece minhas vontades, Beato? Como não as conhece, se até agora cumpriu todas elas?

A questão estava posta e eu não sabia como responder, pois até aquele momento tinha a certeza de que as vontades, leia-se ordens, emanavam dos Orixás e Exu cumpria sua tarefa de mensageiro dos Orixás, de espelho do Orun.

Maquinando em minha mente a resposta e tentando entender o que se passava, Exu interrompe o silêncio:

– Será que os Orixás têm vontade? Será que Deus, Olorum, tem vontade?

A situação ficava ali mais difícil ainda, pois, para a minha maneira de enxergar, os Orixás e Olorum, sim, tinham vontade. Porém, ao me perguntar, a questão tomava novo rumo e me deixava sem resposta. Em respeito, disse:

– Meu Pai, sua colocação é muito sábia e foge à minha capacidade. Não consigo responder; porém, se me permitir, quero eu lhe formular as mesmas questões. O senhor tem vontade? Os Orixás têm vontade? Olorum tem vontade?

Exu gargalhava e continuava a me rodear.

– Beato, durante sua jornada na fazenda recentemente, vendo seus irmãos escravizados, sabendo que a escravidão não pode mais existir, vendo o sofrimento de todos os negros, você teve vontade, não teve?

Respondi sem duvidar:

– Sim, meu Pai, minha vontade de libertar e ajudar aquele povo.

Exu ria e continuava:

– Então, você chegando lá, desvia sua trajetória, que era dar fé e esperança, trabalhar para que aqueles negros aprendessem a arte de viver feliz não importando as condições, para aproveitar uma suposta oportunidade e ajudá-los a escaparem, a serem supostamente livres da escravidão, por sua vontade, pois você achava que assim seriam mais felizes. Essa foi sua vontade e sua ação, não é verdade?

Tinha certeza de que a lição viria com dores, pois mais uma vez tinha eu desviado do pedido dos Orixás por crer saber mais que eles. Respondi, já muito cabisbaixo:

– Sim, confesso que foi isso que pensei, e acreditei estar fazendo o certo, e, mesmo após a repreensão dada por vós, mantive um pensamento de como libertar todos ali.

Exu dava gargalhadas e mandava eu continuar.

– Sabe o que é, meu Pai? Os negros estavam em sofrimento danado, precisavam escapar, ter outra vida. Aquilo é um absurdo, e por isso fiz o que fiz.

Exu me olhava e dizia:

– Portanto, ainda agora crê que sua vontade estava certa? Crê em sua vontade de ajudar, amar e libertar, é isso?

Mesmo sabendo que a resposta não seria a certa, fiz por não mentir, ainda mais a Exu. Disse a ele que sim.

– Imagine, Beato, se eu tivesse vontade. Imagine que Oxalá me manda passar um recado ao Babalorixá, mas eu acho que posso incrementar o recado e, além de falar o que ele me falou, falar algo a mais. Imagine se Oxum me determina tomar conta de um espaço sagrado e eu tenho vontade de, além de fazer o que ela me manda, aproveitar e unir alguns kiumbas desavisados que ousam perturbar o sítio sagrado. Imagine pior, que eu desobedecesse aos Orixás por acreditar que eu sei mais e melhor que eles.

A resposta para todos os questionamentos era óbvia, e a dei com a certeza de um grande puxão de orelha:

– Não poderia imaginar isso, meu Pai. Perderíamos a confiança em vós e ficaríamos desassistidos e perdidos. Os Orixás não se comunicariam mais conosco e, portanto, nada na Terra viveria. Mas, isso porque o senhor é Exu.

Mais uma enorme gargalhada e a resposta em tom sério e em voz metalizada bastante ameaçadora:

– Beato, Beato, não aprendeu nada? A Oxum que você viu no rio, a Oxum que o socorreu, os Oguns que estiveram com você, Xangô, são por ventura os próprios Orixás? Saíram de lá do Orun só para se apresentar para você?

A pergunta, apesar de óbvia, me deixava confuso. Nunca tinha parado para entender aquilo, imaginava que cada qualidade de Orixá se manifestasse e que cada um de nós na Terra recebesse junto ao seu espírito um Orixá que após a morte retornaria ao Orun.

Exu dava gargalhadas e me perguntava:

– Olorum são muitos ou um só?

– Creio que um só, o Todo-Poderoso, o Sábio, o Justo.

Exu continuava a rir.

– Olorum é tudo e nada. É o grão de areia e o Sol. É o átomo e é o espírito. Deus é tudo e está em tudo. O Orixá que você carrega, como disse, não vai ao Orun quando a pessoa morre na carne, pois ele no fundo é você. Você, Beato, pode acreditar, sei que é difícil, você é um Orixá. Só ainda não entendeu isso e por isso não consegue se desprender de erros tolos, e continua crendo ser um egum.

A informação era demais para mim. Como eu seria um Orixá? Não conseguia compreender.

– A história de Xangô que você conhece, que já contou às crianças de seu Ilê quando estava em carne, não falava de um rei, o Rei de Oyó? E, sendo um rei exemplar, ajudando todo o seu povo, cumprindo sua missão ao morrer, não virou Orixá? O mesmo não ocorreu com Oxum, Oxóssi, Oyá? Os mitos são cheios de pessoas que em determinados momentos de suas vidas alcançam a luz e se tornam Orixás, se confundindo com a própria natureza. Portanto, por que você não pode se tornar um?

A questão era a mim posta de tal forma que era impossível não entender e me dizia abertamente que todos os seres seriam um Orixá. Por isso falávamos que nossos ancestrais mais ilustres, Babalorixás e Ialorixás que cumpriam seu trabalho com perfeição, ao morrerem, não seriam mais eguns, estariam indo direto para o Orun. O mesmo aconteceria com Ogãs, Ekedis e outros que, cumprindo com maestria a arte dos Orixás, rumariam para o Orun, não precisando mais estar aqui em sofrimento.

Minhas lágrimas se derramavam em minha face ante a beleza que Exu me expunha e me fazia ver com meus olhos, pois várias imagens de grandes negros e negras de minha história de Ilê morriam em carne e logo viravam o próprio Orixá que carregavam.

Exu continuou:

– Esses que você acabou de ver virando Orixás, tinham vontades?

Tudo aquilo para me ensinar a domar minha ânsia de ser melhor. Uma vergonha, pensei comigo.

– Não, Beato, não se envergonhe, pois a vergonha esconde a verdade. Coloque tudo aqui na praça, não escamoteie nem se esconda, pois assim o aprendizado é mais real e produtivo.

Chorando, disse:

– Meu Pai, não sei dizer se eles tinham ou não vontades, mas tenho que lhe dizer que sem sombra de dúvida suas vontades eram menores e submissas à vontade de Olorum e dos Orixás e Exus. Eles ouviam e cumpriam, e não faziam seus interesses acima das vontades dos seres do Orun. E pensando assim lhe digo que talvez o senhor tenha vontade, mas a cala, para que a voz de Deus possa ser escutada. Afinal, temos uma boca; se dela sair a minha vontade, a de Deus se calará. Então que se cale a nossa e a de Deus seja ouvida.

Exu gargalhava, porém com mais tranquilidade, e seus passos ficavam mais vagarosos em minha volta, me deixando menos tenso também.

– Muito bem, Beato, quase lá. O que você quer fazer com sua vontade?

Olhei para o chão, procurando me calar interiormente e entender de uma vez a lição, por mais dolorosa que ela pudesse ser, e gritei:

– Eu calarei a minha vontade para que a de Orixá reine!

As gargalhadas de Exu eram ainda maiores. Ele parou em minha frente e me disse, pegando em meu pescoço:

– Não, Beato, não. Você deve aprender a fazer da vontade de Deus a sua vontade. Não calar a sua, e sim transformar a sua em uma só: a de Deus, pois, se você apenas cala, não acompanha a perfeição do raciocínio divino, o amor celestial e a forma de viver em paz e em felicidade. Transformar a vontade de Deus na nossa é a única forma de crescer e viver em Orixá e assim finalizar o nosso sofrimento na Terra e ajudar outros a não mais sofrerem. Entendeu a diferença, Beato?

Chorava copiosamente. A forma com que Exu me dava a valorosa lição e as imagens que me vinham me davam a certeza de que aquele era o caminho. Eu me lembrava dos Odus, dos Itans, do caminho revelado pelos Exus no jogo do Ifá. Eram passagens, histórias, caminhos pelos quais um rei, um guerreiro, passou e virou Orixá, ou seja, o caminho percorrido por aqueles que encontraram o Orun e regressaram para nos contar os segredos da vida. Se copiássemos o caminho deles, encontraríamos o caminho do Orun.

Por isso os mais velhos sempre diziam que a Terra é uma reprise de situações do passado e só cessaremos essa reprise se aprendermos com aqueles que já venceram a vida. Me lembrei de quantas vezes nos búzios minha Iá me mandava arrumar minha vida com base em histórias de Ogum Megê. Compreendia também a história de Jesus, que falava "eu sou o caminho, a verdade e a vida", afinal ele também é Orixá. Assim, se seguíssemos esses espíritos que iluminaram, nos iluminaríamos também.

31. Aprendendo a não ser

Exu me pegava no colo. Eu me sentia agora um bebê, um ser de menos de um ano de idade nos braços do Pai.

– Beato, é preciso renascer, é preciso recomeçar com esses saberes, para que consigas o caminho de Ogum, para que sejas Orixá. Estás pronto?

Crente que iria renascer, e temeroso por como e onde, respondi:

– Sigo as suas decisões, meu Pai, e aprenderei a tê-las como minhas. Não possuo outra vontade que não a de me tornar Orixá e fazer com todos os meus irmãos o mesmo. Porém, se me conceder um único pedido, gostaria de fazê-lo.

Exu sinaliza positivamente com o pescoço e eu faço meu único pedido:

– Cuide de mainha, a abrace como fez comigo. Eu a amo e não a esqueço, e nem quero. A entrego aos seus braços e aos pés de Olorum. Amo você, mainha. Pronto, meu Pai, posso ir.

Exu dava risadas e me fazia dormir.

Embalado nos braços de Exu e rezando para que os Orixás ajudassem minha mãe, adormeci nos cantos de Oxum. Acordei com um brado de Oxóssi, e em minha volta a sensação de que havia muitos ancestrais, muitas almas nobres e ilustres. Mesmo sem abrir meus olhos, por não conseguir fazê-lo, tinha a nítida certeza de que estava rodeado de negros ancestrais de luz inigualável.

Entre as sensações de paz, de ser bem-vindo, de doçura e recepção, reconhecia a energia de algumas pessoas. Entre elas a do ancestral que me ajudou na última empreitada de Exu. Sua energia era única e o cheiro que dele exalava jamais esquecerei.

Outra energia muito próxima a mim e que me deixava emocionado era a de minha mãe de santo criadeira, Véia Tiana, a que havia me levado e me cuidado na senzala e me conduzira a São Salvador.

Outras eram menos nítidas e não conseguia, sem abrir os olhos, saber de quem eram. Sabia que eram conhecidas e muito queridas por minha pessoa. Não conseguia abrir os olhos, não importava o esforço que fizesse, e de certa forma aquilo me incomodava. Tentei falar e nada, minha boca não se mexia. Tentei gesticular e nada, minhas mãos e pés estavam paralisados. Uma agonia foi tomando conta de mim, pois estava imóvel como um corpo cadavérico em funeral.

Creio que, percebendo minhas angústias, uma alma se aproximava muito de mim, e de seu corpo exalava cheiros de folhas sagradas e perfume de alfazema misturado com cheiros da culinária sagrada dos Orixás. Sentia que seu calor era tanto que parecia abrir uma fornalha ao meu lado, tamanha a quentura daquela alma bendita.

Já bem próxima a mim, sussurrou em meu ouvido algo que não conseguia escutar, algo que sabia que ela estava me dizendo, mas não chegava até minha mente, apenas sentia que deveria silenciar. Deveria silenciar para entender a vontade dos Orixás.

Cantei em pensamento e lentamente fui me entregando a Olorum, deixando que minhas preocupações fossem deixadas de lado, pois meu propósito era cumprir com os Orixás meu destino.

Mais calmo, a mesma entidade se aproximou e em meu ouvido tentou falar, porém de novo não a escutava. Antes de me afligir, rezei, e a negra, sabendo de meus pensamentos, colocou a mão na minha fronte e como numa mágica ela estava falando comigo dentro da cabeça, como se os dedos dela fossem fincados na cabeça e deles saíssem as ideias da velha senhora. O que ela me passava vou traduzir em forma de diálogo:

– Olá, filho dos Orixás, servidor de Ogum, seja bem-vindo. Me chamo Dolores e estamos aqui para trabalhar com vocês, herdeiros de nossos Axés, servos dos Orixás. Junto com você temos alguns outros filhos e filhas que, como você, chegaram aqui após um trajeto de trabalho e servidão, regado no amor e na vontade real de servir e cumprir a vontade dos Orixás. Estamos recrutando uma série de almas para conosco trabalharem em uma religião que seguirá os passos de nossas religiões africanas, mas se fundirá a raízes indígenas e cristãs. Essa nova fé se chamará Umbanda, seu propósito já existe na Terra há alguns anos e logo será revelado com um corpo mais claro, e os filhos dos Ilês, roças que quiserem e passarem nas escolas de Exu, poderão estar conosco. Você, como decidiu se entregar a Olorum, Ele o trouxe aqui, pedindo que fosse um servo dos Orixás na construção e consolidação da Umbanda. Seja bem-vindo, agradecemos muito a sua ajuda. Porém, é preciso readaptar você, fazê-lo se reencontrar com seu passado e depois se desfazer de todo ele para que esteja pronto.

Continuava a velha anciã, com sabedoria infinita:

– Portanto, aqui está esta velha vó a lhe perguntar se aceita este caminho de fé e de devoção.

Em meu pensamento corriam mil informações além das que eu posso traduzir, pois, enquanto ela falava dentro de minha cabeça, centenas de imagens passavam em alta velocidade, me dando uma noção do que seria servir aos Orixás na Umbanda. Foi como uma lição de anos em segundos, chegando a me atordoar.

A negra Dolores voltava a dizer, notando minha confusão:

– Sim, são muitas informações, e são preciosas, pois queremos que saiba escolher. Apesar de se entregar a Olorum e Ele nos trazer você até aqui, precisamos que você tenha a clara noção de poder escolher.

A informação falada, seguida de inúmeras informações brotando em minha mente, me deixava muito nervoso. Respirei fundo, rezei em silêncio, já que não podia falar, e disse a ela em pensamento:

– Minha ancestral, minha mãe. Não preciso de nenhuma informação ou explicação. Não tenho que aceitar ou não. Fiz minha escolha muito consciente. Me entreguei a Olorum, aos serviços dos Orixás. Se Ele me mandar rezar missa, eu rezo; se me mandar virar escravo, eu viro. Não quero mais colocar a minha vontade na frente da de Olorum, dos Orixás, de Exu, não quero nem mesmo que minhas vontades ainda gritantes falem mais alto que a dos senhores e senhoras, meus ancestrais. A vós me curvo e me entrego.

Continuei com o coração em paz:

– Me faltava uma coisa para poder me entregar plenamente, que era minha mãe. Mas quem sou eu para cuidar dela ou de qualquer outra pessoa? Não sou melhor que ninguém, por isso a coloquei nos braços de Exu e aos pés de Deus e dos Orixás. Se Ele precisar de minha interferência, farei com a maior gratidão e o maior zelo, porém Ele decide, não mais eu. Desta forma, minha abençoada Ialorixá, a vós só vou dizer sim.

A velha senhora sorria encantada e carinhosa. Acariciando minha testa e face em gesto terno e maternal, me disse:

– Então, querido filho, só falta uma coisa agora. Precisamos que você se entregue.

A informação me pareceu profundamente estranha, afinal acabara de dizer que me entregava a Deus. Como ela me pedia algo que eu tinha acabado de dizer?

Ela me respondia em pensamento:

– Não é apenas a vontade de aceitar a Deus e se entregar a Ele, meu filho, é mais do que isso, é deixar de ser você. É para ser o que Ele quiser, é abandonar a sua história pessoal e juntá-la aos seus irmãos de falange e com eles aprender a ser um só. Deixará de ter sua mainha e passará a ter todas as mães de todos os seus irmãos, e cada um de vós terá a mesma aparência e a mesma missão. É abdicar daquilo que você é.

Meu coração astral disparava. Era muito mais que entregar mainha, era como esquecer que eu tinha sido Beato, Soldado, era me esquecer do amor de minha mãe. Chorava de medo disso, não sabia o que responder, e, ante minha aflição, a ancestral me corrigia:

– Não, filho, não é esquecer, mas sim somar, pois a história de sua vida se somará a de seus irmãos e juntos terão uma história só, um ato de união de almas com mesmo propósito. Eu me chamo Vó Dolores, e sinta agora quantas somos.

Uma avalanche de sensações e de repente a impressão de que existiam centenas de negras velhas como aquela que me confortava a alma. Sentia uma paz impossível de transcrever e me derretia em lágrimas, mesmo que nenhuma gota delas pudesse escorrer em minha face, algo encantador.

– Eu sou uma ou sou várias? – me perguntou a senhora.

Antes que eu respondesse, voltou a me intuir:

– Sou várias e sou uma. Somos todas uma só, a minha história é a delas e a delas é a minha. Somamos nossas experiências e criamos um aglomerado de passagens e histórias que não nos definem, mas colaboram para nossa tarefa de caridade e trabalho religioso. Somos todas vós, somos todas Dolores, todas Nagôs, todas velhas, todas pretas velhas.

Sentia que a conversa penetrava em minha mente, me mostrando que, antes de ser Dolores, ali estavam muitas almas ancestrais que foram Ialorixás, Iaôs de vários lugares do Brasil e da

África. Havia almas antigas, muito antigas, e não poderia identificar quem era quem, pois todas eram de verdade um só corpo, muito do que Exu me ensinava em ser Orixá, em me deixar ir à busca de meu Orixá.

Perguntei em minha mente se eram, por isso, Orixás.

– Não, meu filho, não somos, um dia seremos, almejamos isso, mas queremos ser Orixás novamente apenas quando pudermos estar de braços dados com todos os nossos filhos e filhas, que são todas as almas da Terra.

Me vertiam lágrimas ante a beleza e dizia que não conseguia me desapegar e nem saberia como.

A velha Dolores chama neste momento alguém, e com a aproximação me lembro do ancestral que me socorreu em um campo santo na fazenda escravagista onde ajudei Exu.

Ele me saudava e logo tomava minha mente, afastando carinhosamente a Vó Dolores.

– Olá, de novo. Falei que em breve estaríamos juntos, não disse? Pois então aqui estamos. Fico feliz que tenha aceitado o convite divino e se curvado à Lei dos Orixás. Me emociona ver almas como a sua chegarem aqui ávidas por ajudar, salvar e amparar outros seres. Seus amores são como luzes que me ajudam a caminhar neste mundo. Muito obrigado por isso.

A conversa que aquele ser me trazia era demais para mim, ele agradecendo a mim? Deveria estar em devaneios, eu é que era a ele grato.

Chorava ante a energia dele e perguntava:

– Meu Pai, sinto a sua energia mais potencializada aqui, sinto mais a sua força, seu Axé. Por quê? E posso saber seu nome?

– Aqui você está sem as amarras de estar grudado na matéria da carne. Enquanto estávamos lá, não poderia deixar aparecer tudo que sou, e nem você seria capaz de entender. Lá estando, precisava aprender a me controlar e me ligar aos demais espíritos de uma maneira tênue. Além do mais, o que sente aqui não sou eu, são as forças dos Orixás, pois a eles sirvo, então você não sente a minha presença propriamente, e sim a dos Orixás.

Sem me falar seu nome, continuava a me ajudar:

– Sua preocupação em abrir mão do ego é natural, e isso não será feito de uma hora para outra. Será como um nascimento, uma nova vida. Caso você aceite, o ensinaremos a deixar de ser você para ser outro, que é igual a muitos a serviço dos Orixás.

Olhei para dentro de minha vida e percebi que de fato não era nada, não havia nada para me deter em dizer sim. Se eu confiava em Olorum e tinha fé verdadeira, por que não aceitar que, se precisasse, Olorum me acionaria, e ganharia amores mil, e meus irmãos de falange ganhariam também a memória de uma santa devota, que era mainha. Meus erros passariam a inspirar brincadeiras de como devemos obedecer aos Orixás e com certeza histórias de obediência e maestria me ajudariam a ser um ser melhor.

Pensei pouco tempo e em prantos disse ao ancestral:

– Eu renovo meus votos de entrega, não sou nada, sou uma ilusão, o que sei é que sou um Orixá, mas me cobri de erros e egos e preciso me libertar deles para ser o que Deus mandar, para ser de novo Orixá.

O velho abençoado me beijou o cocuruto e disse:

– Então morra!

32. Morte e renascimento

Como se tirassem a vida de mim de novo, me senti esvaziando em um redemoinho. Era um vento, um ar que puxava meu corpo para um portal. Eu permanecia ali, agora, porém prestes a desmaiar.

Não sei quanto tempo se passou nem o que fizeram comigo. Quando acordei, me senti renovado e sem nenhuma memória, parecia que eu estava um neném de novo. Olho para os meus braços e os vejo como os de um feto. Me percebo dentro da barriga de uma mãe.

Me reviro e escuto a mãe dizendo para uma outra pessoa:

– Nossa, acordou agitado hoje, igual ontem. Passa uma horas, me chuta e logo se acalma e passa o resto do dia dormindo.

Sim, estava eu dentro de uma mãe. Iria eu reencarnar? Voltaria para a Terra? Caía no sono. Como minha mãe dizia, foram dias assim até que me sentia já um feto, não pensava, apenas adorava estar ali dentro de um ventre, protegido e amado. Sentia amor e carinho.

Tudo era ótimo, até que acordei uma hora aflito. Vi que tudo à minha volta estava saindo, o líquido que me proporcionava calor escorria para um lugar que eu não via e logo uma força grande me empurrava para baixo e eu desmaiei.

Acordo de novo e não estou mais no ventre. Olho em volta e estou em uma casa de pau a pique. Parecia pequena, mas muito acolhedora, e logo um negro velho, de barba e cabelos esbranquiçados, se aproximava.

– Olá, seja bem-vindo, do que se lembra?

Respondi falando normalmente:

– Me lembro de um carinho e um amor muito grandes e de um empurrão, mais nada.

– Então agora começará a se lembrar de muita coisa, muita coisa mesmo. Não tenha medo, se precisar me chame, mas quem cuidará de você agora é um homem chamado Mata Virgem. Ele é um indígena, e com você trabalhará a sua memória.

Sem entender muito bem, seguindo o indígena, me vi adulto, forte e alto, negro, magro e muito bem, diga-se de passagem.

Entramos em outro vilarejo onde várias casas feitas de palha formavam um grande círculo e em outro círculo menor formado por vários indígenas que dançavam estava uma cabana feita de folhas verdes e folhas secas, de onde saía uma fumaça.

O indígena me disse:

– Lá estão preparando sua vez. Em breve o grande Pajé o ajudará a se lembrar de você.

Ele me conduz até perto da dança. Os outros indígenas, ao me verem, me reverenciam e me acolhem com abraços efusivos e calorosos, todos pareciam muito felizes com minha chegada. De dentro da pequena cabana sai um indígena velho com uma feição mais desgastada. Ele me pega e junto a ele me enfurno na cabana.

Por dentro a cabana era maior. O Pajé me manda beber algumas poções e começa a fumar um charuto gigante e soltar a fumaça em minha face. Com a fumaça subindo ao topo da cabana, os indígenas de fora começam a entoar músicas e a fazer do chão um grande atabaque.

A beleza e a vibração dos cantos daquele dia são maravilhosas. Entrava eu em transe e o Pajé me ajudava a deitar em uma esteira feita de pele de cobra e de folhas de buriti. Deitado, fui jogado em uma senzala e ali me vi sendo um Babalorixá, conduzindo meus irmãos aos caminhos da fé.

Logo era arremessado em um Ilê muito bonito, terra de Oxaguiã. Era eu um Ogã, morava na roça e ajudava a mãe de santo com entusiasmo. As cenas se sucediam e aconteciam, e nenhuma era apagada. Parecia que eu era todos aqueles personagens, sentia que era eu, eu não os esquecia, pois a memória era perfeita ou quase isso.

Centenas de passagens, milhares de memórias, de encantos, canções, mandingas, feitiços, beberagens, defumações, banhos, garrafadas, trabalhos de magias, funções nos Ilês e terreiros. Era uma escola, só que não ensinada, e sim vivida.

Após algum tempo, que não sabia dizer quanto, fui despertado com um banho e uma defumação feita pelo Pajé.

Olhei o velho indígena. Ele se sentava e me fazia sinal para sentar com ele em volta de um fogo e tomar uma espécie de chá, muito saboroso e reconfortante.

Enquanto eu bebia, o Pajé me dizia:

– Foram meses em que trabalhamos com você. Agora deve ir ao preto e ele continuará a sua preparação. Tome isso, carregue em seu pescoço.

Peguei a mão do ancestral indígena e me postei ao chão, me recordando da saudação que fazíamos aos Orixás, e a fiz para ele o reconhecendo como tal. Pego o colar, a guia que me dava, e imediatamente o coloco no pescoço em ritual conhecido por minhas memórias.

Saio da cabana e o indígena de nome Mata Virgem festeja com os demais minha saída e todos dançam e me abraçam.

Danço com eles por horas. Estávamos felizes e não nos falávamos, mas a alegria era geral. Eu os sentia e eles me sentiam, éramos uma família e me sentia assim. Algumas de minhas memórias foram de quilombos com convivência entre negros e indígenas; em outra memória havia sido socorrido por Pajés e lutado com guerreiros indígenas na defesa de suas terras. Enfim, eram todos familiares.

Seu Mata Virgem me pega e comigo vai correndo por dentro de um caminho diverso do caminho por onde havíamos chegado. Ele me explica:

– Você não irá direto ao preto velho, primeiro é preciso sentir Deus. Venha comigo rápido.

Corremos velozmente por entre uma mata muito fechada, dando saltos e silvos, que eram acompanhados por vários pássaros e outros animais.

Chegamos a uma enorme rocha e ali cravada havia uma gruta. Seu Mata Virgem me manda entrar, mas ele não me acompanharia, apenas eu iria estar ali.

33. Na gruta de Deus

Entrei na gruta com certo ar de preocupação, mas estava animado, minha mente fervilhava de tantas informações e de tanta adoração a Deus e aos Orixás. Sentia que não estava sozinho, pois, mesmo estando desacompanhado, era como se centenas de outras almas estivessem dentro de mim me fortalecendo e me acompanhando.

Estava eu em um momento de muito louvor e muita fé. Minha cabeça em nenhum instante parava de pensar em Deus. Sabia da força dos Orixás em tudo e logo na entrada da gruta saudei as forças de Exu que ali protegiam, as de Oxalá para me dar à luz mesmo na escuridão, a licença de Xangô por adentrar em sua rocha e Omolu por estar em uma caverna.

Ingressando mais um pouco, não via mais nada, a escuridão tomava conta do ambiente. Se olhasse para trás, veria a entrada, mas não me virei, pois o objetivo não era o medo ou o retorno, e sim o caminhar para dentro do desconhecido.

Andava sem ver e arrastava meu pé com cuidado para não tropeçar e conhecer o local, bem como balançava a mão à minha frente, à procura de uma parede ou de uma estalagmite que pudessem me ferir.

Um pouco mais dentro sentia o ar mais pesado e percebia que estava descendo, a gruta me levava para baixo da terra.

Parei um pouco e me sentei para uma oração. Cantei alguns pontos, algumas zuelas, e me vi cheio de memória de cantigas de vários povos, me recordava de cada uma das giras, das enjiras, das canjiras.

Ali cantando e lembrando, me recordei de uma conversa com um preto velho que dizia em sua existência na África que ao se tornar Babalorixá, Xangô ordenava andar pela fé, pois os perigos à frente eram enormes e os olhos da carne e do espírito poderiam atrasar o passo. A fé os guiaria em segurança e na velocidade solicitada pelos Orixás.

Pedi licença e bati minha cabeça no chão, saudando as forças ali presentes, e me concentrei para saber quem ali poderia me guiar. Em silêncio por alguns instantes, sinto que o Orixá das palhas se fixava em minhas costas, sentia sua energia e logo o saudei:

– Atotô, meu Pai. Atotô, Senhor Obaluayê.

Em silêncio, ele me pegou nos dois ombros e me pôs de pé, deu a volta em mim e foi na minha frente. Não o via, apenas o sentia, e percebendo onde ele estava andei na velocidade e no caminho por ele propostos.

Mais alguns passos e seu Obaluayê para. Sinto que deveria me sentar, e bem ali havia uma espécie de rocha cortada como se fosse um toco. Me sentei, agradeci em voz alta e entoei cantigas para Obaluayê.

Cantando, sinto que o Orixá se afasta, mas me mantenho sentado e aberto para que Deus, Olorum, me diga o que fazer. Logo sinto a presença do Rei. Era Xangô, que num brado afirma sua presença. Rapidamente me curvo e bato cabeça em saudação, respeito e amor.

Consigo beijar a mão e recebo do Orixá um afetuoso e inesquecível abraço. Ele me diz:

– Seja bem-vindo, filho do Axé. Seu Mata Virgem nos disse que deveríamos fazer você sentir a presença de Deus. Então trouxemos você aqui para que nunca se esqueça da força máxima, do primeiro, do anterior. Não se pode perder a noção do Axé, pois Axé é pedir a Deus sua sanção, sua assinatura, seu aceite, sua concordância. Toda vez que se diz Axé é como se falasse: se Deus o quiser, que assim seja. Muitos adeptos de nossas religiões se esquecem de Deus, acabam se satisfazendo com as entidades, com os ancestrais e às vezes com os Orixás, e Deus fica esquecido, não saudado e não cultuado. E antes que me diga algo, filho do Axé, sim, Olorum pode e dever ser cultuado. Porém, seu culto não é exterior como o de seus movimentos e qualidades que se chamam Orixás. O culto a Deus é introspectivo e está em todos os cultos aos Orixás e ancestrais. A figura central e primeira é Deus. Ele deve estar em todos os dias, em todas as orações, cantigas e cerimônias, pois assim não se erra tanto e não se tem apego às manifestações. Aprende-se que devemos amar a Deus sempre mais.

Xangô continuava:

– Devemos, filho, buscar compreender a Deus e entender que só temos os Orixás porque assim quis Olorum. Os Orixás são Ele, Olorum é a divindade criadora se movimentando e se mostrando. Não há Orixá sem Deus, não há nada sem Deus. Venha comigo.

Num empurrão energético quase saio flutuando e vou rumo a um buraco sem fim no meio da caverna. Xangô me disse antes de me empurrar:

– Esse é o buraco sem fim, não há fundo nesse buraco, ali o fim é o começo e o começo é o fim, assim como Deus. Deverá cair ali e só cessará o pavor quando entender a fé em Deus.

E, sem me deixar falar nada, Xangô me empurrava em um buraco que me fazia cair em velocidade incrível e, como tudo estava escuro, não sabia se era fundo ou o que tinha em seu chão, se no fim da queda o solo era liso, espinhoso ou se tinha lança.

A sensação era de pavor profundo. Mesmo Xangô me dizendo que não havia fundo, não se sabia se isso era uma figura de linguagem ou se era a realidade. Tentava rezar, mas tinha a sensação de que era iminente meu impacto no solo, e naquela altura sabia que seria demasiadamente doloroso. Morrer não tinha como, mas doer, com certeza.

Após alguns minutos de expectativa de acidente sinistro, nada, apenas mais e mais queda. Ali caindo sem parar, vi que o desespero daqueles que caem na vida era enorme, cair em tentação, cair em erro, cair em emboscada, cair em desgraça. Me lembrei de mainha, uma das minhas mães que no pelourinho foi morta comigo e que por raiva caiu em dor e em desespero. Caí com ela achando que era amor, mas era também apego, pois só deixei de cair quando aprendi a arte nobre do amor verdadeiro.

Me lembrando disso, comecei a passar por várias almas que pareciam cair comigo, ao meu lado, mas eu estava mais rápido e, portanto, passava por elas e as via chorando desesperadas, sem fé e sem esperança.

A queda era, assim, o momento mais angustiante e rápido, porém despertador de uma alma. Como poderia eu ajudar aqueles irmãos e irmãs em queda? Xangô me disse que só a fé em Olorum poderia tirar cada um de nós dali, então comecei a falar para as almas que passavam por mim terem fé em Deus. Mas elas sequer escutavam, tamanhos eram seus desesperos. Pensei que, se eu cessasse a minha queda pela fé em Deus, as almas aprenderiam com o exemplo, pois enxergariam alguém que interrompeu a queda.

Rezei muito, pedi a Olorum, mas a queda continuava. O que me falta para ter fé?

Me ajeitei no ar e senti a queda sem medo. Pensei que, se ali eram os braços de Deus, me jogava e não temia mal nenhum, mantinha a queda, apesar da confiança. Comecei a pensar no que faltaria para sentir Deus. Me lembrei de Xangô falando dos Orixás como qualidades, movimentos de Deus. Um a um, os Orixás fui saudando, e fui colocando as qualidades e poder dos Orixás em um só culto.

Coloquei justiça, amor, maternidade, paz, fé, paternidade, educação, direção, conforto e força, determinação e perseverança, montando o Perfeito em uma só força. Descobri que não estava pronto e então percebi que faltavam as criaturas. O Criador só seria pleno quando todos os seus filhos estivessem com Ele, e fui colocando todos os seres humanos que conhecia em Deus, negros, brancos, indígenas, todos.

Mas ainda assim percebi que faltavam os demais seres, e então passei a colocar todos os animais, os vegetais e os planetas, o Sol, a Lua, e só faltava eu. E disse:

– Eu estou em vós, meu Pai, permita que seja um convosco.

E do nada e com tudo em mim e eu em tudo, a queda parou, e ali na minha frente, no meio do nada, dois olhos de azeviche na escuridão se iluminavam e me diziam com toda a alma:

– Olá, meu filho, agora entende que preciso de ajuda para os meus filhos pararem de cair. Ajude-os, ajude-os.

Um fluxo de vento morno me leva para cima e estou nos braços de Xangô, que sorrindo me diz:

– Agora entendeu?

Olhei para a escuridão em direção a ele e disse:

– Sim, meu Pai, nunca pararemos de errar e cair se não estivermos todos juntos, unidos em um só, como nos disseram os Orixás, como nos disse Jesus. Temos de entender que devemos ser um em Deus, um só. Nosso trabalho é unir todos pelo amor e na paz. Assim, juntos deixaremos de cair e seremos UM com nosso Criador.

Xangô me abraçava e dizia:

– Deus fala conosco em tudo, na voz de um necessitado, nos olhos de um pássaro, no vento, no sol, na boca de um médium, na palavra de um preto velho. Deus fala conosco sempre e a todo instante, não deixe de ouvir.

Recebo um beijo na testa e logo Omolu está a me carregar. Vejo a entrada da gruta e já deixo de sentir a mão de Omolu, de Obaluayê, de Xangô, mas não deixo mais de senti-los em tudo. Sentia Deus, Olorum, no ar e no solo.

Bato minha cabeça e rogo a Deus que nunca esqueça aquele momento, agradeço às almas todas e aos Orixás. Estava agora fora da gruta avistando um indígena formoso que não parava de dançar e louvar a floresta à minha espera.

34. Após o toque de Deus

Me aproximo do cacique Mata Virgem e a ele expresso toda a minha gratidão, ou pelo menos tento, afinal como retribuir algo como aquilo?

Ele apenas sorri, me abraça e me faz correr novamente pela floresta. Percebo que andamos mais que da outra vez, sinto como se estivéssemos indo para outros locais, não reconhecia aquele caminho. Mesmo correndo, conseguia identificar que estávamos em outro trajeto.

Percebendo minha indagação, o Seu Mata Virgem me socorre:

– Devemos nos aproximar da natureza de Oxóssi e lá pedir ao Rei de Ketu a bênção e a licença. Você deverá ter com o caçador de uma flecha só profunda intimidade, ele é o que fala mais alto, o que determina o Axé no Brasil, e por isso devemos sempre louvá-lo e a ele recorrermos para entendermos nosso papel neste mundo. Com sua nova jornada a se iniciar, é preciso consultar as forças das florestas.

Não parávamos de correr, sentia a brisa do mato a me encantar as narinas. Quanto mais andávamos, mais me sentia em paz, mais leve. Estávamos definitivamente adentrando um reino muito sagrado.

Mais um pouco e não continha as lágrimas em meus olhos, a emoção era tamanha que extrapolava as barreiras dos olhos. Me volto para o indígena e o vejo ainda mais feliz, seu rosto aparecia agora pintado, e ele usava um lindo penacho em forma de coroa e alguns arranjos nos braços e tornozelos. Em seu peito algumas guias, colares, não sei dizer, adornos com penas de um colorido iluminado, dentes e sementes.

Tudo naquele indígena começava a reluzir, a luz que ele emitia era a descrição de minha emoção. Percebendo minha admiração e minhas lágrimas de emoção, ele me diz:

– Não precisa de constrangimento, ou, como você diz, não se avexe, afinal estamos chegando a uma das casas de meu Pai. Aqui me junto a Ele, Ele e eu seremos um só. Mantenha-se na trilha que sua fé determinar, pois em breve não mais poderá me ver, mas estarei com você.

Mantendo nosso passo apressado, Seu Mata Virgem começa a entoar cânticos que acredito serem de sua tribo, de uma beleza que me deixava com muita vontade de aprender.

O cacique continuava, agora entoando cânticos sagrados de Oxóssi. Eu comecei a acompanhá-lo, quando ele me disse:

– Cante e viva Oxóssi; sinta e esteja em Oxóssi.

E cada vez mais aquele ser se iluminava. Agora não eram mais os apetrechos, guias ou adornos; seus olhos, sua cabeça e depois sua pele reluziam uma luz que me fazia querer bater cabeça em saudação e respeito. Sem dúvida a energia mais linda que havia presenciado.

De repente sinto um clarão e aquele indígena se desfaz em luz e vai muito rápido em minha frente. Não consigo o acompanhar, mas escuto ao longe:

> – Na macaia de meu Pai tem terras que ninguém jamais pisou
> Chão de Seu Mata Virgem, pedras de meu Pai Xangô.

Seguida de uma força de ventos, raios, sol, chuva, tudo ao mesmo tempo, escutava a música:

> – Oxóssi mandou
> Seu Mata Virgem chegou
> No centro da mata ecoou
> Foi Oxóssi que gritou
> Okê, okê, arô
> Saravá, todos os caboclos
> Saravá, Seu Mata Virgem, que já está no toco.

Tudo na floresta vibrava e se iluminava, não era mais uma floresta comum, eram árvores de luz, animais de luz, e não podia mais correr, por não conseguir ante a emoção, outra porque não saía do lugar, andava e permanecia no mesmo lugar.

Emocionado e muito grato, me curvei ao solo, bati cabeça várias vezes, em gratidão e amor. Cantei a Oxóssi e saudei Seu Mata Virgem, depois rezei e me entreguei. Ao fim, ainda de olhos e rosto para o chão sagrado, silenciei e ali fiquei a serviço e à entrega de Oxóssi.

Passadas algumas horas, muitos animais se aproximavam, lobos, cobras de vários tipos, em especial duas sucuris gigantes que permaneciam comigo o tempo todo. Não me davam medo, mas uma sensação de segurança. Depois vieram as onças e as aves, araras, araras-azuis e araras-vermelhas, maracanãs e maritacas, papagaios e tucanos.

Depois, os pássaros pequenos, como os canários-da-terra, azulões, sabiás, trinca-ferros. Um pouco mais, e abutres e urubus. Por fim, aves de rapina: carcarás, gaviões, falcões e de dentro da terra uma harpia. Era uma águia gigante e bela com um penacho em forma de cocar em sua cabeça que voava e descia rapidamente em minha frente e me olhava com fixação.

Em seguida centenas, milhares de indígenas de várias tribos. Pequenos seres os acompanhavam, seres que davam vida à floresta, eram as energias elementais, o seres elementais da vida.

Na sequência, muitos negros e negras, todos vestidos de caçadores, vestidos de Oxóssi, Inlé, Odé.

Todos estavam cheios de luz e seus corpos reluziam vida e amor. A harpia dá seu grito, e todos se curvam e batem cabeça. Faço imediatamente igual, não ouso levantar meus olhos e fico com a cabeça fincada na terra à espera de outro comando. A energia fica ainda mais linda e pura, meu corpo parece querer volitar, era demais para mim.

Tive quase dois desmaios e a harpia dá outro silvo e um uirapuru começa a cantar. Seu enigmático e potente canto me fazia acalmar e me sentir na paz mais profunda e verdadeira.

Após, os demais pássaros fazem uma sinfonia, acompanhados de rugidos, uivos e outros cantos de animais, tudo em harmonia e em beleza que nunca poderei transcrever. Em seguida, os indígenas começam a cantar seus cantos sagrados e depois os negros, louvando Oxóssi em yorubá, Mutalambô em kimbundo e em kikongo.

Não conseguia aguentar a emoção e desmaiei. Um breve instante e sinto uma mão ou algo parecido me tocar. Levanto e olho em minha frente e vejo apenas uma luz e atrás dela uma harpia. Escuto:

– Aqui será um refúgio, deverá aprender a chegar, pois sempre que precisar poderá aqui voltar, porém lembre-se de sempre vir aqui quando for chamado, ou quando realmente precisar. Oxóssi fez do Brasil a nova Ketu, aqui os herdeiros do caminho dos Orixás sediarão suas roças, aqui nos juntaremos aos saberes dos povos da Terra e louvaremos juntos nos terreiros. Você ajudará nisso, leve com você a nossa tradição, o nosso Axé. Ajude a fazer a esperança de Oxóssi brotar em todos os corações.

A harpia me bicava neste momento e sentia que Oxóssi me tocava por dentro da alma. Oxóssi acendia a minha mais pura essência, percebia que Ogum que habitava em mim reverenciava o Orixá Oxóssi.

Naquele momento sinto em mim que era me pedido para manter minhas memórias, minha forma de louvar, de ter fé, de cuidar dos filhos de terreiro, de me lembrar das relações entre os Babalorixás e os filhos, a hierarquia, as magias, os cumprimentos, a nossa interação umbilical com os indígenas, e aprender a reverenciar e ter Jesus como ancestral ilustre, o mestre.

Oxóssi me diz que sem entender Jesus jamais poderia cumprir minha missão, e, portanto, deveria ao regressar pedir ao preto velho que me mostrasse o caminho para isso, pois do contrário não poderia servir a Oxóssi.

Agradeço, e antes de poder fazer qualquer pergunta a harpia me apanha com as garras e me joga para longe. Voltando no caminho sozinho, cantando e agradecendo, sinto que Seu Mata Virgem se aproximava.

Lá estava meu guia. Parei e bati minha cabeça, mesmo contra a vontade dele, precisava demonstrar minha gratidão e respeito. Juntos corremos e chegamos à vila dos negros, um espaço que remontava muito o Ilê que descrevi no começo deste livro, porém maior e muito mais belo.

35. Aprendendo a ser cristão

Lá estava sentado ao lado de um fogão a lenha, usando um tição para acender seu palheiro, o negro ancião que completaria minha vida. Eu o saúdo em gratidão e respeito e, antes que pudesse falar algo, ele se antecipa:

– Oxóssi lhe pediu para conhecer Jesus, pois precisará dele para entender e viver a Umbanda. Sente-se aqui e eu o guiarei.

Me deu uma bebida quente amarga, me pôs a mão na cabeça e baforou sete vezes em minha face, na sétima estava eu adormecido. Acordo e não estou mais em lugar que conhecia, estava em um lugar muito árido, cheio de pedras e tendas desconhecidas para minha memória. O preto velho bondosamente aparece e me diz:

– Você está dentro de minhas memórias, aqui está uma comunidade cristã dos primeiros momentos da era cristã. Aquele de barba e túnica azul-escura é meu mestre, e será o seu aqui. Se aproxime dele e logo entenderá.

Vou em silêncio e reverência e, ao me aproximar, sinto uma paz e uma sabedoria maravilhosa. Eu o saúdo, ele me olha, se curva e após isso fala:

– Primeiro, aceite minhas sinceras desculpas. Nunca foi do nosso propósito ou concordância que usassem o nome de Jesus Cristo para qualquer coisa que não fosse o amor e a fé. A Igreja saiu dos caminhos, se afundou em brigas e disputas de egos, poder e dinheiro, se deturpou na dominação e na prática do ódio. Não são eles os cristãos, mas por se dizerem cristãos é preciso que primeiro me perdoe, pois o mal feito em nome de Jesus não é autorizado ou licenciado por Ele, e nem por nós discípulos.

A humildade daquele espírito elevado em minha frente me constrangia a alma e o seu pedido de perdão por algo que não fez também me oprimia. Porém, havia razão naquele sermão, pois a única coisa de Jesus que os escravos conheciam era o seu descaso. Os padres diziam que não éramos gente, que não tínhamos alma. Jesus era o que condenava os Orixás e nossas religiões. Sabia que não era Jesus, pois vi com o trabalho, com os padres bondosos, o amor do evangelho.

Aquele pedido de perdão me fizera interromper de uma vez por todas qualquer possibilidade de aceitar a Igreja como fonte única do cristianismo. Jesus era o libertador e jamais o escravizador.

Agradeci muito e beijei as mãos em sinal de respeito, ao que ele respondeu, em seguida, me beijando os pés. Tentei retirá-lo dali, mas ele não saiu enquanto não beijou meus dois pés. E disse com algumas lágrimas nos olhos:

– Há mais de mil e oitocentos anos trabalhamos para a boa-nova ser a força da liberdade e da salvação. Lutamos com a paz e com o perdão para que o evangelho segundo Jesus Cristo inspire os corações a se amarem e se respeitarem, não se julgarem. Há tantos séculos gritamos aos sacerdotes para que revisem suas formulações de perseguição, guerra, dominação e dinheiro, afinal tudo isso não condiz com Jesus e muito menos com seu legado de caridade. Mas fizeram tantos estragos em nome de Jesus, que ao ver algum espírito que sofreu em nome do mestre da liberdade me sinto mal. Sei que também sou responsável pela sua dor. Por isso fiz votos de que estarei com a humanidade até que a verdadeira face de Jesus seja entendida e praticada e o tempo do Espírito da Verdade realmente chegue e todos possam entendê-lo.

Eu, olhando com muito pesar aquelas frases, disse:

– Por favor, senhor, não tem que me dizer isso nem fazer isso. Não há pelo que desculpá-lo, não é culpa sua ou de Jesus, e mesmo os que me fizeram mal, e fizeram ao meu povo também, sei que hoje somos irmãos e que os quero bem; os quero ao lado de Jesus.

O mestre cristão sorria e me respondia:

– Fico muito feliz com sua intenção real de perdão e amor, de solidariedade, mas não podemos eximir nossas almas de culpa só porque não participamos diretamente. Como você mesmo disse, todos somos irmãos, portanto alguém de minha família, usando o nome de meu pai, fez o mal. Logo, sou responsável, sim, e não me sinto culpado, mas responsável, e isso me dá a dimensão de que tenho muito a trabalhar para que a humanidade aprenda a arte do amor cristão, a arte do amor desinteressado e libertador.

A forma com que aquele espírito via as coisas me encantava. Ele não só não julgava os que deturpavam a palavra de seu mestre, de sua fé, como também assumia como responsabilidade dele os erros, mostrando que não nos ligamos a todos só no amor, é preciso compreender que quando erram também erram em nosso nome, afinal devemos todos ser um só corpo em Deus.

Ouvindo meus pensamentos, o mestre me olhou e disse:

– Jesus Cristo nos pediu para o seguirmos, nos disse que Ele era o caminho, a verdade e a vida. Que Deus está nele e Ele em Deus, e que nós deveríamos ser um só com Ele e com Deus.

Percebo que entendo isso como um filho de Orixá, agradeço sua boa vontade e sua força de vontade de estarmos juntos em um só Deus.

Nos abraçamos, eu confesso derramar algumas lágrimas e ali permaneço por vários meses vendo a comunidade trabalhar e entendendo o evangelho. Afinal, havia pregação e oração diárias e nos dias subsequentes a comunidade inteira trabalhava para cumprir o que estava escrito. O mestre que ali me guiava dizia sempre:

– A fé sem amor é fé sem obra, obra sem amor é ilusão, e amor sem serviço é corpo vazio. Portanto, devemos aprender que a fé é existente quando cria obras de amor nas pessoas e nos seres.

Terminada uma sessão, vejo o ancião negro a saudar o mestre cristão e, se dirigindo a mim, me convida:

– Creio que tenha compreendido o amor cristão e a filosofia que inspirará seus serviços, não?

– Sim, meu Pai, muito. Agradeço novamente. Permita me despedir.

Após as despedidas e abraços acalorados, me voltei ao preto velho e o questionei:

– Meu Pai, me disseste que estávamos em suas memórias, que aqui na sua mente estaria aprendendo com o seu passado a entender e a viver Jesus. Como pode o mestre me falar em tempos atuais, sem eu interagir com o mestre?

O velho sorria e depois ria sem parar, me respondendo todo satisfeito:

– Você interagiu com outro ser? Com o ambiente? Ou só assistiu?

– Assisti, mas interagi sempre com o mestre, com os demais não.

– Quando te coloquei aqui, o mestre em Jesus se propôs a vir ter com você uma convivência, me disse que seria para ele um importante aprendizado e que estava muito preocupado com o cristianismo no mundo, e me disse que algumas reformas estavam para acontecer, e novas fés iriam surgir, e que ele estava muito feliz com o jardim feito com as terras de Jesus aqui no Brasil, a nossa Umbanda. E queria de perto conhecer os herdeiros e ajudar a ministrar a fé conosco. Ele continuará conosco por algum tempo, espero que por muito, afinal é a sabedoria viva.

Emocionados, os dois, continuamos a caminhar até a vila, e lá repousei em uma esteira, como um Iaô, pronto para sair para o Orixá.

36. Na vila dos negros

Ainda deitado sobre a sagrada cama dos iniciados, olhava para os dois últimos acontecimentos e percebia o quão estava eu sendo abençoado, afinal encontrar Deus em tudo, escutar a voz Dele proferida por seus mensageiros, estar com a força de Oxóssi e poder se convidado a auxiliar, mesmo que de forma tão ínfima como a minha, para a construção dessa Nova Ketu, era muito mais que um espírito como eu poderia imaginar ou um dia aventar.

Buscava nas minhas memórias as pretensões, sonhos que extrapolavam a vida terrestre, e os sonhos alcançados nas experiências e na vida pós-morte física, e em nenhum momento me recordara de manter uma chama acesa, em um dia poder colaborar com os Orixás na construção de uma nova religião ou mesmo pela construção dessa nova gama de fé e Axé que Oxóssi chama de Nova Ketu.

Recordava que desejava ardentemente ir ao Orun, me tornar um ancestral respeitado e ilustre, mas creio que os desejos dessas épocas eram mais por orgulho do que por mérito real. Não tinha a esse tempo a dimensão do amor que hoje possuo, era um momento ímpar, de profunda gratidão e de fé.

Sempre estive ligado a cultos de nação de meu povo africano. As memórias que se perdem no tempo de minha aurora trazem a permanência de múltiplas existências na Terra como filho da mãe África. A exceção são as dezenas de vidas aqui nascidas, no Brasil, e mesmo em minhas jornadas enquanto desencarnado, que estavam mais afeitas às tradições e às famílias negras.

As lembranças de interação com outros povos também me despertavam, pois nem sempre foram invasores e dominadores. Recordava os intercâmbios de comércio e cultura que mantínhamos com os povos árabes.

Com eles aprendemos vários instrumentos, formas de toque, produtos e frutas antes desconhecidas, e eles da mesma forma buscavam em nós instrumentos, perfumes e óleos, ervas curadoras e alimentos.

Trocávamos experiências, mercadorias, e mesmo assim não buscávamos converter um ao outro. Logicamente tenho, também, memória de invasões árabes de povos do norte da África, que, desejosos de poder, travaram guerras, mas essas não eram importantes agora. Lembrava-me de um comércio tido com povos orientais que se apresentavam como uma província de Wang, ou Wanki, que eram chineses na concepção moderna. Eles também tinham suas práticas e rituais e conosco dividiam experiências; travamos muitos negócios.

Essas memórias eram agora oportunas, pois me davam a certeza de um só povo na visão de Deus, e que era possível estabelecer contato com outras culturas para o nosso enriquecimento, e não para nossa perdição.

A Umbanda de que tanto me falavam era demonstração clara desse processo de interação harmônica. A soma de várias culturas construindo uma identidade própria que era a identidade de uma nova nação, que deveria se reconhecer como tal, e os povos que a ela estariam ligados, como o meu, seriam necessários para a construção dessa identidade e dessa nova fé.

Admirado com a sabedoria divina e inebriado pelo amor dos Orixás, não parava de demonstrar a minha gratidão por tudo aquilo.

Após algumas lágrimas e muito tempo de meditação, o ancestral guia se aproximava e me dizia:

– Você, com todas essas memórias, com todas essas vidas, sabe quem é? Responda essa questão e, quando estiver pronto, toque o sino. Esta pequena sineta estará ao lado de sua esteira.

Quem era eu? A pergunta era interessante, pois no geral respondemos às pessoas que nos circundam com o nosso nome. Sou fulano de tal.

E ali, quem era eu? Pois nomes são o que não me faltava, mas cada nome estava ligado a uma existência, a um momento que vivi. Percebi também que, quando estamos desencarnados, na maioria das vezes usamos um nome da última encarnação, ou então um nome já usado distante, mas quem eu era?

Não era Beato, José, Ikonomu, Aguentanoma ou outros já utilizados. A pergunta me trazia uma questão de fundo, pois quando nascemos dos Orixás que nome temos?

Ali meditando por aquilo, me recordei de frases e dizeres de povos africanos que os pais não escolhem o nome, e sim o sacerdote. Os pais chamam o recém-nascido de um termo que se assemelharia a "bebê" em português ou "meu pequeno filho", conforme a nação.

O nome é dado após a criança ser entregue a Deus, podendo ser Olorum, Zambiapungo ou outros termos usados para o Criador. É por meio de uma intuição, de um grito de Exu, ou de Aluvaiá, ou Legbá, ou Pombogira, que o sacerdote diz o nome do espírito encarnado. Não eram incomuns as histórias de filhos que eram a reencarnação de um ancestral conhecido, de um bisavô, de um herói.

Assim, se aceitava a ideia, de forma muito natural, de que todos os nascidos já existiam antes, e, portanto, não se tinha posse sobre o recém-nascido, apenas responsabilidade de criação, uma vez que o Orixá entregava a você o filho Dele.

Logo, meu nome não era relevante, e sequer dizia quem eu era. Mas quem eu era?

Outra forma de responder isso é dizer de quem somos filhos. Antigamente se falava João de Maria, ou seja, João, filho de Maria. Esse aspecto era a mim fácil, afinal sei quem é meu pai e minha mãe, ou melhor, sei quem são meus pais e mães, e, portanto, poderia facilmente dizer que sou fulano, filho de Ogum.

Parte de minha resposta estava dada, afinal eu era filho dos Orixás e como todo filho me assemelho a eles. Basta trabalhar com vontade e disciplina, que poderei ser como meus pais, ser eu também um Orixá.

Portanto, a ideia de saber quem eram nossos pais nos ajuda a perceber o que devemos mirar neles como exemplo. Jesus foi muito hábil nessa condução. Outra resposta se encontra quando falamos quem somos e onde nascemos ou vivemos. João de Maria, nascido em Luanda.

Mas eu nasci onde? Foram tantos nascimentos. Se considerar o nascimento original, seria eu filho de lugar nenhum, já que nasci de Deus, ou então filho de todos os lugares, e esta resposta era importante, pois, se não sou filho de uma cidade, de uma nação, de um país, sou filho de todos os lugares, e isso me dá a dimensão de que meu povo e minha nação são todos os seres da Terra e, logo, isso me dá a certeza de que não posso carregar em mim preconceito nenhum, pois somos filhos de um mesmo pai e de uma mesma nação, de uma mesma tribo.

Porém, para me identificar devo lembrar que nasci nesta forma atual onde? Pois não é de uma de minhas encarnações. Nasci em Aruanda ou no Juremá, na floresta sagrada de Oxóssi ou na cidade dos espíritos que servem aos Orixás na Umbanda.

Portanto, posso responder à pergunta formulada que nasci em um espaço sagrado, sou filho de Orixá e sei quem são meus irmãos e meu povo, todos os seres.

Ainda me falta responder à pergunta de forma inteira. Muitos respondem quem são por suas profissões, ou missões. Desta forma, sou eu um trabalhador da Umbanda, essa é minha missão, representar os filhos de todos os Axés, os filhos e filhas da África vindos ao Brasil.

Minha missão é manter essas tradições vivas com alegria, ensinar passos, gestos, culturas. Minha missão está em desmascarar os falsos que usam as magias e contaminam a natureza com interesses mesquinhos. Minha missão está em dar asas, liberdade aos filhos de fé, desmanchando as feitiçarias e criando feitiços para o progresso da liberdade e do amor.

Olhar a minha missão, mesmo que de forma resumida, me dava a dimensão de por que existo. Existo para servir a Deus, aos Orixás, aprimorar minhas qualidades, aprimorando a de meus irmãos, inspirados todos nas figuras veneradas dos ancestrais ilustres.

Começava então a saber, a responder. O que faltava?

Após alguns instantes de meditação, sem outras respostas passei a cantar pontos sagrados, pedindo aos Orixás a bênção e a luz para que eu pudesse responder àquela questão tão bela proposta pelo preto velho.

Rezando e cantando, sinto que alguém se assenta perto de mim, olho e era o ancião. Olho para ele e falo:

– Me perdoe, meu pai, ainda não tenho concluída a resposta que lhe devo.

Ele sorri com paternidade e me responde ponderadamente:

– Sim, eu sei. Por isso estou aqui. Você não rezou aos Orixás para que eles o ajudassem a responder? Então estou atendendo seu pedido.

A singeleza da resposta e o carinho embutido em cada palavra me davam a certeza de estar diante de um ser muito iluminado e perto dos Orixás.

Ele continuou:

– Quando lhe dei a pergunta e pedi para que meditasse e respondesse, lhe dei uma missão, não foi? Você sabiamente buscou em seus arcabouços de experiências e sabedoria a resposta. Depois, esgotadas as alternativas, rezou aos Orixás, a Deus, para o auxílio. E sempre devemos ser assim, buscar resolver as questões com todo o nosso arsenal de possibilidades, junto a isso pedirmos os préstimos de Deus, dos Orixás e também das almas que nos fazem o papel de guias, e de abnegados amigos e irmãos. Não precisa se sentir incapaz por não ter conseguido me dar a resposta, pois não pedi que fizesse sozinho. Pedi?

Respondendo que não, o velho prosseguia:

– Se não entendermos que somos todos um, como você vivenciou, nunca poderemos avançar, e no seu caso é imprescindível a convivência fraternal em comunidade. Estaremos constantemente trabalhando em grupos inumeráveis. Na Umbanda há povos que nunca trabalharão sozinhos. Você, por exemplo, agora está sendo assistido por um preto velho, esteve há pouco com um indígena, que é um caboclo, seu aprendizado derradeiro se passou na figura dos Exus. Portanto, isso me traz aqui, pois sem estarmos juntos nunca poderemos prestar o auxílio aos nossos irmãos que buscarão na Umbanda alento e luz sozinhos.

O velho fazia um sinal no chão de areia, como um ponto riscado, e me pedia para ficar em pé.

– Você precisa agora de outra força, a mais importante e bela. Essa força estará na Umbanda, são as crianças, sem elas não saberemos amar nem estaremos com os Orixás ou com a Natureza. Se concentre e peça que a falange dos Erês venha até nós.

Concentrava-me na figura do Erê das tradições banto, e logo me lembrava de Ibeji, na tradição yorubá, e misturando-as e vendo se aproximarem seres iluminados de força e de luz me curvei ao solo em reverência.

Cada agrupamento de crianças trazia uma parte de um reino. Nas mãos de um grupo via cachoeiras, rios, chuva; de outro, praias; de outro, montanhas; e assim por diante.

Elas se achegavam e eu literalmente bolava, ou seja, entrava em transe, e era mediunizado com um Erê.

Me sentei na esteira e, com ele em mim e com todos à minha volta, viajei a cada sítio da natureza, a cada força elemental, aos seres dos Orixás não humanos, que chamamos de espíritos elementares. Na natureza pude aprender a pureza do Axé, sem contaminação das vontades, dos desejos ou dos vícios, eram seres puros, ligados diretamente à fonte da criação.

Após isso, retornávamos à esteira e lá estava o preto velho. O ancião forneceu canjica com castanha-de-caju a cada uma das crianças, e eu, estando mediunizado, também recebi e, ao comer daquela iguaria, senti a felicidade mais pura. No simples doce daquela canjica via a face de Deus, e a criança que comigo estava me dizia:

– A felicidade está aqui, dentro do seu coração, e não lá fora, a canjica só despertou em você que somos felizes.

Nunca me esquecerei disso, pois desde então a cada gole que dou, a cada baforada, passo ou gesto, me sinto feliz, porque nunca deixei de estar muito próximo às crianças.

O preto velho faz um sinal com o cajado no chão e bate com força, e todos os Erês se despedem, me deixando cheio de presentes e Axé.

Olhei para o preto velho e disse:

– O segredo é sermos os povos da Umbanda em um só ser. Sermos simples, puros e amorosos como as crianças, termos a força, a perseverança e a determinação aliadas à esperança dos caboclos, e possuirmos a sabedoria e a humildade dos pretos velhos. Tudo isso compreendendo que somos parte de Deus e da natureza, não nos desligarmos de nada e sermos todos um.

O preto velho sorria e me mostrava que sim e me perguntava:

– Então quem é você?

Pensei por alguns instantes e disse:

– Sou uma alma, filho de Orixá, nascido em Aruanda, servo de Deus e dos Orixás, discípulo dos ancestrais ilustres, como o senhor, servidor de fé, mantenedor das tradições, amigo e irmão, pai e mãe, sou filho do Axé. Propagador da fé no Brasil, sou herdeiro de príncipes e rainhas, de Babalorixás e Ialorixás, dos Tata de Inkice, das Mametos, sou herdeiro das tradições da África, unidas e acrescidas das tradições brasileiras, sou servo, sou fiel, sou eu um baiano, sou baiano, sou baiano.

37. Bom fim, ótimo começo

O preto velho me abraçava e eu em lágrimas. Não estávamos mais na choupana, e sim embaixo de um lindo pé de figueira (gameleira-branca), e muitos pretos velhos, crianças, caboclos, exus e pombagiras ali estavam. Junto de cada um deles, muitos baianos e baianas, e ali no pé da árvore sagrada o preto velho me disse:

– Seja bem-vindo, meu filho, você e todos que junto a você serão um só.

Olho para os lados e uma centena de baianos semelhantes a mim se dispunham como eu de joelhos.

O preto velho continuou:

– Que a força de Oxóssi me inspire, que Ogum me proteja e Yemanjá nos conduza. Nasce aqui você. Seja bem-vindo, Baiano Zé da Ladeira.

Ganhei naquele momento um patuá, que era fonte de meu Axé, era eu Zé da Ladeira.

O preto velho me respondia:

– Seu nome foi muito trabalhado, você o recebeu, pois aprendeu a ter fé e a superar a si mesmo, na queda, no desespero. Na descida da vida que você aprendeu a se doar mais que o possível e viu a dor daqueles que caem. Que nas descidas da vida os espíritos encontrem você, meu filho, pois poderá dar a eles a mão, para que a queda cesse e você os ajude a subir. Você aprendeu o valor da subida e o desespero da descida. Ao cair no fosso de Xangô, entendeu o que passam as almas sofridas, e mesmo lá, ainda sem poder, quis dar a sua mão aos necessitados. Que os Orixás te abençoem, pois esta será sua vida, trabalhar para que as almas não desçam mais, não caiam, e ensinar as almas a subirem a ladeira da vida em direção aos Orixás.

Estava eu em lágrimas. O nome e a explicação traduziam de verdade, com muito mais propriedade, quem eu era. Eu sou assim, não quero ver ninguém em queda, quero ver todos subindo em direção aos Orixás. Que coisa bela.

Chorando e muito grato, o preto velho me ergue e diz:

– Que Ogum abençoe seus caminhos, trabalharemos muito ainda juntos. Que possamos fazer do Brasil a Nova Ketu, e a você, meu filho, quero dar outra coisa. Olhe para trás.

Olhei para trás e aos pés da gameleira estava aquela que mais me ensinou a arte do amor, era mainha, era mainha, toda de branco com seu Ojá, ajoelhada e estendendo os braços para mim.

– Venha, meu filho, venha me dar um abraço.

Pedi licença aos ancestrais e, após a concessão, corri para ela e nos abraçamos, nos beijamos e ficamos grudados sentindo um amor universal mais doce. E ela me disse:

– Você conseguiu, meu filho. Você é agora livre. Livre. Você quebrou a corrente da escravidão. Você é livre. Obrigada, Olorum. Obrigada, Ogum. Obrigada, Orixás. Obrigada, meu filho, seu amor e sua fé me resgataram. Onde e por onde passou rezou por mim, sabendo que estava nas mãos dos Orixás, recebi gota a gota desse Axé, e por isso consegui me levantar. Agora vou aprender, pois também quero ser livre. Obrigada.

Nos abraçamos um pouco mais e dois Omolus a carregaram. Nos despedimos com um até breve, pois sabíamos que nunca mais nos afastaríamos. Ela reencarnou, e a proteção e a guia dela estão nas mãos de Olorum, mas, conhecendo sua fibra, sua fé e seu amor, em breve ela estará nas fileiras mais próximas dos Orixás.

Me voltei ao preto velho e, debruçado ao chão, disse:

– Obrigado, meu Pai, sua bênção. Obrigado por me ensinar e nunca desistir. O presente que recebo não é de meu merecimento, portanto quero muito trabalhar para um dia poder dizer que sou digno de tantas bênçãos. E, meu Pai, posso saber seu nome agora?

O preto velho me manda cumprimentar a todos, e um a um o faço, batendo minha cabeça uma porção de vezes. Finda a homenagem, vou em direção ao preto velho. Com ele estavam Seu Mata Virgem, um Exu, que eu reconheci como o que tanto me ajudou, um erê, filho de Yemanjá, e outros ancestrais.

– Venha cá, meu filho, venha. Você fará parte deste time, temos obrigações. Estamos trabalhando na preparação de um grupo de almas que irão reencarnar e precisam aprender algumas coisas antes, você nos ajudará. Um deles será o Babalorixá e futuramente prestará a nós serviços. Quero que o conheça, mas saiba que ele e a maioria são brancos.

Dizendo isso, todos nós ríamos. Ali estava iniciando meus afazeres como baiano, e hoje, quase oitenta anos depois, estou aqui com vocês.

Essa é minha história, mas também é a história dos baianos, somos os herdeiros, filhos do Axé, almas que querem dividir experiência e manter viva a fé e o culto aos Orixás e aos ancestrais.

Salve a Umbanda. Nosso Senhor do Bonfim. Os pretos velhos e as almas do Sagrado Cruzeiro da Bahia.

Baiano Zé da Ladeira, a seu dispor.